Lori Reid

Handlesen

Edition Roter Löwe

Der rote Löwe verkörpert die belebende, antreibende Energie von Sulfur, einem der Grundelemente im alchimistischen Transmutationsprozeß. Sulfur ist die Kraft, die verändert, veredelt und auf eine höhere Ebene bringt. Ziel dieser Edition ist es, esoterisches Wissen und Erkenntnisse aus der transpersonalen Psychologie verständlich und komprimiert darzustellen und damit ganz persönliche Wandlungsprozesse in Gang zu bringen.

In derselben Reihe:
Ägyptische Mysterien
Alchimie
Buddhismus
Die Chakras
Esoterik
Gnostizismus
Die Göttin
Der Gral
Die Kabbala
Kräuterkunde
Meditation
Naturmagie
Numerologie
Pendeln
Psychosynthese
Ritualmagie
Die Runen
Sufi-Praxis
Taoismus
Tarot
Visualisieren
Yoga
Zen

HANDLESEN

Edition Roter Löwe im
AURUM VERLAG · BRAUNSCHWEIG

Die englische Originalausgabe erschien unter dem Titel
»The Elements of Handreading« im Verlag Element
Books Ltd., Shaftesbury, Dorset.

Ins Deutsche übersetzt von Martin Engelbrecht.

Gesamtgestaltung: Sabine Schönauer-Kornek
Umschlagillustration: Andrea Heissenberg

Die Deutsche Bibliothek-CIP-Einheitsaufnahme

Reid, Lori:
Handlesen / Lori Reid. [Ins Dt. übers. von Martin
Engelbrecht]. – Braunschweig : Aurum Verl., 1996
(Edition Roter Löwe)
Einheitssacht.: The elements of handreading .
ISBN 3-591-08383-6

1996
ISBN 3-591-08383-6
© 1994 Lori Reid
© der deutschen Ausgabe
1996 Aurum Verlag GmbH, Braunschweig
Gesamtherstellung:
Westermann Druck Zwickau GmbH

Inhalt

Einführung 7
Handanlyse 10
Die Hände und die Elemente 21
Die Finger und der Daumen 43
Fingerabdrücke 73
Die grossen Linien 82
Die kleineren Linien 121
Hand in Hand – Wer passt zu wem? 136
Gesundheit, Wohlstand und Glück 147
Beruf und Karriere 169
Umgang mit dem Unvorhergesehenen ... 183
Beispielanalysen 190

Weiterführende Literatur 200

Liste der Abbildungen 201

Für meine Schwester Gianna in Liebe

Einführung

Lesen Sie gern gute Detektivgeschichten? Genießen Sie Thriller, bei denen Sie die Frage: »Wer war der Täter?« mit Hilfe sorgfältig verstreuter subtiler Hinweise beantworten müssen? Wenn ja, werden Sie am Handlesen Ihre Freude haben.

Handlesen oder Handanalyse, wie es heutzutage auch genannt wird, ist der moderne wissenschaftliche Zugang zu der alten Disziplin der Chiromantie. Wir wissen nicht genau, wann sie zum ersten Mal praktiziert wurde oder wo sie zum ersten Mal auftrat. Wir wissen allerdings, daß die Höhlenmenschen genug Interesse an ihren Händen hatten, um sie an den Wänden ihrer Höhlen abzubilden. Einige der ältesten Belege dafür lassen sich in den Altamira-Höhlen bei Santander im nördlichen Spanien finden.

Wir werden nie erfahren, ob unsere höhlenbewohnenden Urahnen vor fünfzehntausend Jahren wirklich in ihren Händen gelesen haben oder ob sie lediglich ihre Welt auf ihren Wänden katalogisierten. Der erste greifbare Beweis dafür, daß die Zeichen in den Händen ernsthaft studiert und die Ergebnisse zu Analysezwecken benutzt wurden, findet sich in alten Hinduschriften, die in das zweite Jahrtausend vor Christus zurückdatieren. Die Tatsache, daß konkrete Vorschriften darüber niedergeschrieben wurden, wie das Handlesen zu betreiben sei, legt die Vermutung nahe, daß es schon eine beträchtliche Zeit lang praktiziert wurde.

Ohne Zweifel war die Praxis der Handanalyse damals im ganzen Osten weit verbreitet. Das Wissen um ihre Grundregeln breitete sich bald von Kleinasien ins alte

Griechenland aus. Platon, Aristoteles, Hippokrates und Ptolemäus besaßen Kenntnisse der Chiromantie, studierten sie, wendeten sie an und schrieben darüber. Galen, der Vater der Medizin, nutzte die Zeichnungen in der Hand zu diagnostischen Zwecken als Indikatoren für den Gesundheitszustand, aber genauso für die Analyse des Charakters.

Aus dem Griechenland des Altertums wurde das Wissen in das römische Reich weitergetragen und von hier aus in alle Teile Europas. Julius Cäsar war mit der Kunst des Handlesens gut vertraut, genauso wie Vergil, Plinius und Kaiser Augustus.

Bis zu diesem Zeitpunkt war das Handlesen eine hochgeachtete Kunst. Sie wurde an den großen Bildungsstätten der antiken Welt gelehrt. Ärzte, Philosophen und Gelehrte machten umfangreichen Gebrauch davon. Im Orient, wo ihre Ursprünge liegen sollen, genießt sie diese Achtung bis heute. Doch in den dunklen Zeitaltern des nördlichen Europas geriet das Handlesen mit der christlichen Kirche in Konflikt und wurde in der Folgezeit in den Untergrund abgedrängt. Von diesem Tag an gestaltete sich sein Schicksal im Westen einigermaßen wechselhaft. Es wurde abwechselnd verdammt und lächerlich gemacht, geächtet und geschätzt.

Im Mittelalter verbot die Kirche das Handlesen völlig und exkommunizierte all die Menschen, die es praktizierten. Während der Regierungszeit Heinrichs VIII. von England wurden Gesetze erlassen, die den Gebrauch der Handlesekunst unterbanden. Leute, die in der Hand lasen, wurden als Hexer gebrandmarkt und mußten mit empfindlichen Strafen rechnen. Es gereicht dem Handlesen zu dauerhafter Ehre und ist vielleicht auch seiner Stichhaltigkeit zu verdanken, daß es trotz aller Versuche von Kirche und Gesetzgebung, seine Benutzung zu verbieten, heutzutage nicht nur immer noch existiert, sondern sogar in voller Blüte steht.

Bezeichnenderweise war eines der ersten veröffentlichten Bücher Mitte des vierzehnten Jahrhunderts ein Buch über die Handlesekunst. Im siebzehnten Jahrhundert gehörte Chiromantie an vielen deutschen Universitäten zum Lehrplan. In der Zeit der viktorianischen Begeisterung für wissenschaftliche Entdeckungen erlebte das Handlesen eine Blüte, und Massen neuer Bücher und Abhandlungen darüber ließen die Regale der Buchläden anschwellen. Einer der berühmtesten Fachleute dieser Zeit war Graf Louis Hamon, besser bekannt als Cheiro.

Um die Jahrhundertwende wurde ein anderer Zweig der Handlesekunst, die Lehre von den Fingerabdrücken, von Scotland Yard in ihrer Gültigkeit bestätigt und für die Strafverfolgung nutzbar gemacht. In der Daktyloskopie (der medizinische Name für die Lehre von den Fingerabdrücken und allgemeinen Hautleistenmustern) wurden während der ganzen ersten Hälfte des zwanzigsten Jahrhunderts von medizinischen Forschern ausgiebige Untersuchungen betrieben, bei denen eine Verbindung zwischen genetischen Faktoren und den Hautmustern unserer Hände entdeckt wurde.

Heute hat sich das Handlesen mit den modernen psychologischen Techniken zu einem wertvollen analytischen Werkzeug entwickelt. Es stößt nicht nur im Bereich der Medizin und der Psychoanalyse, sondern auch in der breiten Öffentlichkeit auf ein neues, zunehmendes Interesse. Wir nähern uns dem 21. Jahrhundert. Vielleicht wird der neue Zugang, den Analytiker zur Handdeutung gewinnen, dazu beitragen, ihre Glaubwürdigkeit wiederherzustellen und ihr erneut den Status zu verschaffen, den sie in den vergangenen Jahrtausenden genoß.

HANDANALYSE

Handanalyse ist ein komplexer Forschungsprozeß, ein Stück Detektivarbeit, bei dem durch die akribische Untersuchung der Hände einer Person Stück für Stück Informationen zusammengetragen werden.

Eine gute Handanalyse kann eine Fülle von Informationen über ihren Besitzer bereitstellen. Sie ist in der Lage, Charakterzüge, Einstellungen, Verhaltensweisen, Motivation und Denkstil eines Menschen zu enthüllen. Sie kann wertvolle Einblicke in seine Beziehungen zu anderen Menschen geben und in seine Erwartungen in diese Beziehungen, seien sie romantischer oder anderer Natur.

Eine gute Analyse kann das Potential eines Menschen klären, seine angeborenen Gaben und Talente offenlegen und ererbte Qualitäten ans Tageslicht bringen, die schlummern und darauf warten, entwickelt zu werden. Deutlich zeigt sich der allgemeine Zustand von Geist und Körper, was der Person oft die Gelegenheit gibt, das Notwendige zu tun, um die Situation zu verbessern. Zu guter Letzt kann die Hand wichtige Hinweise auf potentielle Chancen, Ereignisse oder Ergebnisse zukünftiger Taten und Entschlüsse enthalten.

Auch in der Psychologie und in der Medizin gibt es ernstzunehmende Anwendungmöglichkeiten für die Handlesekunst. Im psychologischen Bereich könnte diese Art der Analyse eine unschätzbare Hilfe für das Verständnis von Persönlichkeit und Motivation darstellen und bei Problemen und Verhaltensschwierigkeiten zur Anwendung kommen. In der Medizin ließe sie sich als diagnostisches Werkzeug nutzen. In der Tat gibt es schon einige

Forschungen zum Thema Fingerabdrücke und genetisch hervorgerufene Krankheiten. Aktuelle Studien weisen auf Verbindungen zwischen abnormalen Hautmustern und Herzerkrankungen hin. Mit Sicherheit könnte die Handanalyse in diesem Bereich eine zunehmend nützliche Rolle spielen.

Körperchemie

Warum sich der Charakter eines Menschen und die wahrscheinlichen Ereignisse seines Leben in seiner Hand niederschlagen sollen, ist nach wie vor eine ungeklärte Frage. Zum gegenwärtigen Zeitpunkt gehen wir davon aus, daß es eine Verbindung zwischen der Chemie unseres Körpers und den von uns ausgesandten natürlichen elektrischen Impulsen geben muß, die ihre Botschaften nicht nur der Hand, sondern auch anderen Bereichen unseres Körpers aufprägen.

Es ist allgemein bekannt, daß sich auf der Handfläche eine gewaltige Konzentration von Nervenenden befindet, mehr als an irgendeiner anderen Stelle des Körpers, sieht man von den Fußsohlen ab. Sie bildet einen ausgezeichneten Empfänger, der unsere elektrischen Impulse aufzeichnen kann. Da die Hand seit Tausenden von Jahren Gegenstand sorgfältiger Studien ist, bei denen immer die Ereignisse und die Zeichnungen zueinander in Beziehung gesetzt wurden, entstand eine wertvolle und genaue Aufzeichnung der Interpretation dieser Zeichnungen.

Die Idee, unsere Körperchemie sei dafür verantwortlich, daß diese Information sich in unseren Händen niederschlägt, ist nicht ganz so weit hergeholt wie sie klingt. Betrachten wir einige der anderen seltsamen Vorgänge in unserem Körper, die oft ohne unser Wissen ablaufen. Nehmen wir zum Beispiel einige der Symptome, die anerkannte Hinweise für Krankheiten sind: gelbliche Augäpfel als ein Kennzeichen der Gelbsucht, Haarausfall und Basedow-Augen bei Schilddrüsenüberfunktion oder eine ganze Reihe allergischer Reaktionen, die man bis heute nicht restlos erklären kann. Warum um alles in der Welt, so könnten wir fragen, erzeugt ein Leberproblem gelbe Augäpfel oder warum sollte der Verzehr von Meeresfrüchten bei manchen Leuten einen Ausschlag hervorrufen, als ob sie gerade durch ein Brennesselfeld gerannt wären?

Wenn wir die Vorgänge in unserem Körper nicht verstehen, dann müssen diese Symptome, die offensichtlich ohne jede Beziehung zu irgend etwas existieren, in der Tat sehr seltsam wirken. Und genauso seltsam erscheint es uns, daß Muster unseres Lebens in irgendeiner Weise an unsere Hände übermittelt werden und dort eingezeichnet sind. Doch die Beobachtungen aus mehreren tausend Jahren sagen uns, daß genau dies der Fall ist.

Der Vorgang der Analyse

Das Studium der Hand wird in mehreren Stufen durchgeführt. Kein einziger Faktor steht für sich allein; jeder Teil modifiziert, stützt und erhärtet alle anderen, bis ein Profil der Person entsteht.

Erste Stufe

Die erste Stufe besteht aus der Analyse der Handform. Hier werden die Grundzüge des Charakters festgelegt. Neben der eigentlichen Form von Handflächen und Fingern müssen auf dieser Stufe die Nägel, die Farbe, die Oberflächenbeschaffenheit und sogar die Temperatur bewertet werden.

Zweite Stufe
Die Analyse der Zeichnungen der Haut bildet die zweite Stufe. Diese Informationen werden über die der ersten Stufe gelegt. Bei der Betrachtung der Hautzeichen werden nicht nur die bekannten leicht erkennbaren Fingerabdrücke geprüft. Darüber hinaus werden die gesamten Musterungen, die die ganze Handfläche überziehen, bis in die kleinsten Einzelheiten untersucht. Der moderne Begriff für die Lehre von den Fingerabdrücken und den Mustern, die von den eigentlichen Hautleisten gebildet werden, ist Daktyloskopie.

Dritte Stufe
Die dritte Stufe beschäftigt sich mit der Handhaltung und der Fingerstellung. Es ist mittlerweile eine anerkannte Tatsache, daß Gebärden wichtige Hinweise auf Persönlichkeit und Veranlagung geben. Selbst wenn die Hand nur aufgrund eines Handabdrucks untersucht wird, müssen die Art, wie sie auf das Papier gesetzt wurde, die Haltung der Finger und das Verhältnis zwischen Daumen und Handfläche in Betracht gezogen werden.

Vierte Stufe
Schließlich werden die Linien in ihrem Verlauf und ihrer Struktur untersucht. Auch weniger wichtige Zeichen, die auf der Hand zum Teil ohne Beziehung existieren oder die Linien schneiden, werden ausführlich betrachtet.
Wenn man alle Schritte nacheinander durchführt und die auf jeder Stufe gewonnenen Informationen zusammenfügt, wird allmählich ein deutliches »Phantombild« des Charakters und der Persönlichkeit des Menschen sichtbar werden.

Unsere Linien wandeln sich

Entgegen der weitverbreiteten Ansicht können sich die Linien in unseren Händen wandeln und tun das auch tatsächlich. Manchmal kann das sehr schnell geschehen, beispielsweise bei Streßmarken quer über den Fingerspitzen. Die Veränderungen der Linien treten entsprechend den Erfahrungen, Einflüssen und Beziehungen auf, die unser Verstehen und unsere Sichtweise färben. Unsere bewußten Entscheidungen, unser positives Denken, Veränderungen in der Umwelt und im Lebensstil, unsere geistige und körperliche Gesundheit: Alles schreibt seine eigenen feinen Muster in unsere Hände. Das beweist, daß wir als lebendige, denkende, fühlende menschliche Wesen nicht nur die Freiheit der Wahl besitzen, sondern auch unser Schicksal selbst in die Hand nehmen können.

Im Grunde ist die Hand ein nützlicher Führer zum Verständnis unseres Charakters und unserer Persönlichkeit. Sie dient außerdem als Indikator für die Möglichkeiten und die zukünftigen Ereignisse, die wahrscheinlich in unser Leben treten. Es darf jedoch niemals vergessen werden, daß wir einen freien Willen haben und selbst entscheiden können, ob wir das Potential, das sich uns zeigt, entwickeln, ob wir die Aussichten der Zukunft blind akzeptieren oder ob wir aktiv Einfluß darauf nehmen.

Ein Beispiel: Sollte ein Zeichen für ein zukünftiges negatives Ereignis in einer Hand entdeckt werden, dann existiert die Möglichkeit, daß ihr Besitzer die Umstände vermeiden kann, die das Problem hervorrufen. Vielleicht ist er in der Lage, dem Ereignis aus dem Weg zu gehen. Ist das nicht möglich, dann verschafft die Tatsache, daß er gewarnt ist, ihm den Vorteil, eine Strategie zur Bewältigung des Problems entwickeln zu können. Wer gewarnt ist, ist auch gerüstet.

Auf der positiven Seite schlägt natürlich zu Buch, daß die Zeichen in der Hand uns auf zukünftige Möglichkeiten

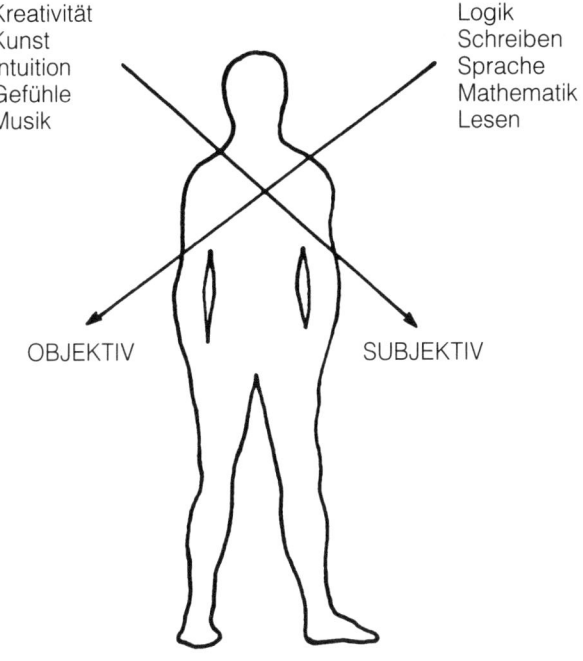

Links- und Rechtshändigkeit

aufmerksam machen können. Mit diesem Wissen kann ein Mensch diese Chancen ansteuern und in den Zeiten, in denen sie wahrscheinlich auftreten, bewußt auf sie achten, damit sie ihm nicht aus Versehen durch die Lappen gehen.

Links- und Rechtshändigkeit

Es wimmelt von falschen Ansichten über die Bedeutung von Links- und Rechtshändigkeit. Psychologische Studien in diesem Bereich haben gezeigt, daß die Hände der rechten und der linken Hälfte des Gehirns zugeordnet sind. Interessanterweise erfüllt jede Gehirnhälfte abgegrenzte und einzigartige Funktionen.

Bei einem Rechtshänder beschäftigt sich die linke Gehirnhälfte mit den »härteren« Funktionen Logik, Schrift, Sprache, Mathematik und Lesen, kurz, mit allen rationalen oder »männlichen« Prozessen des Gehirns. Die rechte Hälfte kümmert sich um Funktionen wie intuitive oder gefühlsmäßige Reaktionen und die Fähigkeit zur Kreativität sowie zu Kunst- und Musikgenuß, mit einem Wort, um die weicheren oder »weiblicheren« Aktivitäten.

Die Botschaften der beiden Gehirnhälften kreuzen sich (siehe Abbildung Seite 15). Die rechte Gehirnhälfte steuert also die linke Seite des Körpers und die linke Gehirnhälfte die rechte Seite. Deshalb steht die rechte Hand für die Funktionen der linken Hälfte des Gehirns, und die linke spiegelt die Funktionen der rechten Hälfte wider. Wenn es also darum geht, die Hand eines Rechtshänders zu analysieren, dann ist es die rechte oder dominierende Hand, die das objektive bewußte Selbst der Person repräsentiert, das, was unter dem Begriff »Persona« bekannt ist. Die linke oder passive Hand enthüllt die subjektive, emotionale und unbewußte Seite, die »Anima«.

Bei Linkshändern – die ungefähr dreizehn Prozent der Bevölkerung stellen – sind die Funktionen der Gehirnhälften einfach spiegelverkehrt angeordnet. Die dominante oder linke Seite ist in diesem Fall die objektive, die rechte die subjektive Hand.

Wie man einen Abdruck macht

Es kann aus einer Reihe von Gründen sehr nützlich sein, von einer Person regelmäßig Handabdrücke anzufertigen, vielleicht alljährlich um die Zeit des Geburtstags herum.

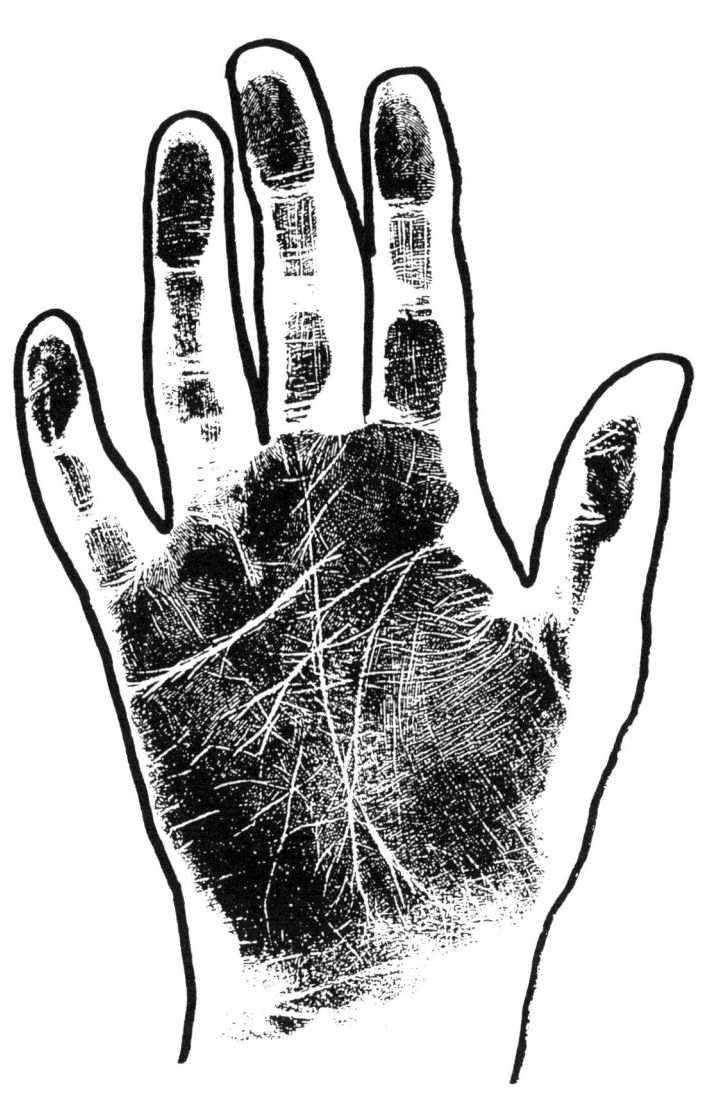

Ein klarer Abdruck (Abdruck 1)

- Sie bilden eine Aufzeichnung der stattfindenden Veränderungen und Entwicklungen.
- Sie tragen dazu bei, die Schritte eines Kindes durch sein Leben zu beobachten.
- Sie sind manchmal leichter zu analysieren als die Hand selbst.
- Sie erlauben genauere Messungen.
- Sie sind ein Abdruck der Identität des Menschen.

Das Nehmen von Abdrücken ist unter Umständen eine schmutzige Angelegenheit, da man dafür Druckertinte oder vielleicht sogar Lippenstift (ein sehr akzeptabler Ersatz) benutzen muß. Am besten ist wasserlösliche Linoleumtinte geeignet, die man mit Wasser und Seife von den Händen entfernen kann. Benutzt man Lippenstift, dann ist das Ergebnis um so besser, je dunkler der Lippenstift ist. Abdruck 1 zeigt, wie ein klarer Abdruck aussehen sollte.

Erforderliche Materialien
Linoleumtinte – wasserlöslich (oder Lippenstift),
Andruckrolle (oder ein Nudelholz/eine leere Flasche),
eine Glasscheibe (oder ein Blatt Aluminiumfolie/ein Hochglanzmagazin),
DIN A 4 Papier,
ein Tischmesser,
ein gut gespitzter Bleistift,
ein zusammengefaltetes Handtuch,
Papiertaschentücher/Watte/selbstklebende Folie

Wie geht man vor?
1. Drücken Sie eine kleine Menge Tinte auf die Glasscheibe. Wickeln Sie selbstklebende Folie um den Roller und verteilen Sie damit die Tinte dünn auf dem Glas.
2. Rollen Sie den mit Tinte gefärbten Roller gleichmäßig über Finger und Handfläche sowie die ersten zwei bis drei

Zentimeter des Handgelenks. Wenn Sie Lippenstift benutzen, tragen Sie ihn mit einem Papiertaschentuch oder mit Watte dünn und gleichmäßig auf.

3. Legen Sie ein Blatt Papier auf das gefaltete Handtuch, und legen Sie die Hand in einer möglichst natürlichen Haltung auf das Papier. Nehmen Sie die Hand wieder weg. Wenn Sie merken, daß sich der innere Teil der Handfläche nicht abgedrückt hat, dann nehmen Sie das Handtuch weg und legen ein neues Blatt Papier direkt auf den Tisch. Verteilen Sie noch einmal Tinte auf Ihrer Hand und legen Sie sie auf das Papier. Schieben Sie die Klinge des Tischmessers unter das Papier und drücken Sie es in die Höhlung der Handfläche. Klappt das auch nicht, dann gibt es noch einen Ausweg, der einen Erfolg zeitigen sollte, und zwar andersherum zu arbeiten. Wenn die Hand wieder mit Tinte eingefärbt ist, legen Sie sie mit der Handfläche nach oben auf den Tisch, legen das Papier vorsichtig darauf und drücken es fest an. Achten Sie darauf, es nicht zu verschieben, während Sie es auf die Handfläche drücken, weil der Abdruck sonst verschmiert wird.

4. Als nächstes färben Sie vorsichtig die Daumenspitze ein und machen auf jedes Blatt einen Abdruck: den rechten Daumen auf das Blatt mit den Abdrücken der rechten Hand und den linken Daumen auf das mit den Abdrücken der linken Hand.

5. Es sollten von jeder Hand mehrere deutliche Abdrücke genommen werden. Auf jedem sollte sorgfältig das Datum, der Name der Person, ihr Geschlecht und die Rechts- bzw. Linkshändigkeit eingetragen werden.

6. Nachdem die Hände gewaschen und abgetrocknet und die Abdrücke ebenfalls getrocknet sind, legen Sie die Hand noch einmal wie vorher auf jeden Abdruck. Ziehen Sie die Umrisse mit einem spitzen Bleistift oder einem Kugelschreiber nach. Wenn man den Abdruck auf der harten Tischoberfläche ohne untergelegtes Handtuch macht, hat

das den Vorteil, daß man die Umrisse bereits ziehen kann, während man den Abdruck macht.

Fotokopien
Sollte es nicht möglich sein, einen Handabdruck herzustellen, dann läßt sich eine gute Fotokopie als Ersatz verwenden. Anders als bei mit Tinte gemachten Abdrücken werden die sehr feinen Details der Linien auf der Handfläche und der Hautmuster bei dieser Methode wahrscheinlich nicht so deutlich herauskommen. In einem dringenden Fall oder als Sicherheitskopien eines Abdrucks sind Fotokopien jedoch sehr hilfreich.

Die Hände und die Elemente

Die Form einer Hand bestimmt die Grundeigenschaften der Person. Sie zeichnet die Grundlinie, die fundamentalen Charakteristika, wenn Sie so wollen, auf denen das persönliche Profil eines Menschen aufgebaut ist.

Alle Hände sind individuell verschieden, auch die rechte Hand einer Person entspricht nicht exakt der linken. Dennoch ist es möglich, alle Hände entsprechend ihrer Grundform in vier unterschiedliche Kategorien einzuordnen. Sie werden als die Kategorien von Erde, Luft, Feuer und Wasser bezeichnet (siehe Abbildung Seite 22). Jede Gruppe wird durch die Form des Handtellers und durch sein Verhältnis zur Länge der Finger definiert. Die Antworten auf zwei Fragen entscheiden über die Zugehörigkeit zu einer Kategorie: »Ist die Form des Handtellers quadratisch oder länglich?« und »Sind die Finger lang oder kurz?« Finger gelten als lang, wenn der Mittelfinger drei Viertel der Länge des Handtellers mißt oder mehr. Ist er kürzer als drei Viertel, gelten die Finger als kurz.

Die vier möglichen Kombinationen von quadratischem bzw. länglichem Handteller sowie langen oder kurzen Fingern bilden die folgenden vier Kategorien:

- quadratischer Handteller mit kurzen Fingern = Erdhand
- quadratischer Handteller mit langen Fingern = Lufthand
- länglicher Handteller mit kurzen Fingern = Feuerhand
- länglicher Handteller mit langen Fingern = Wasserhand

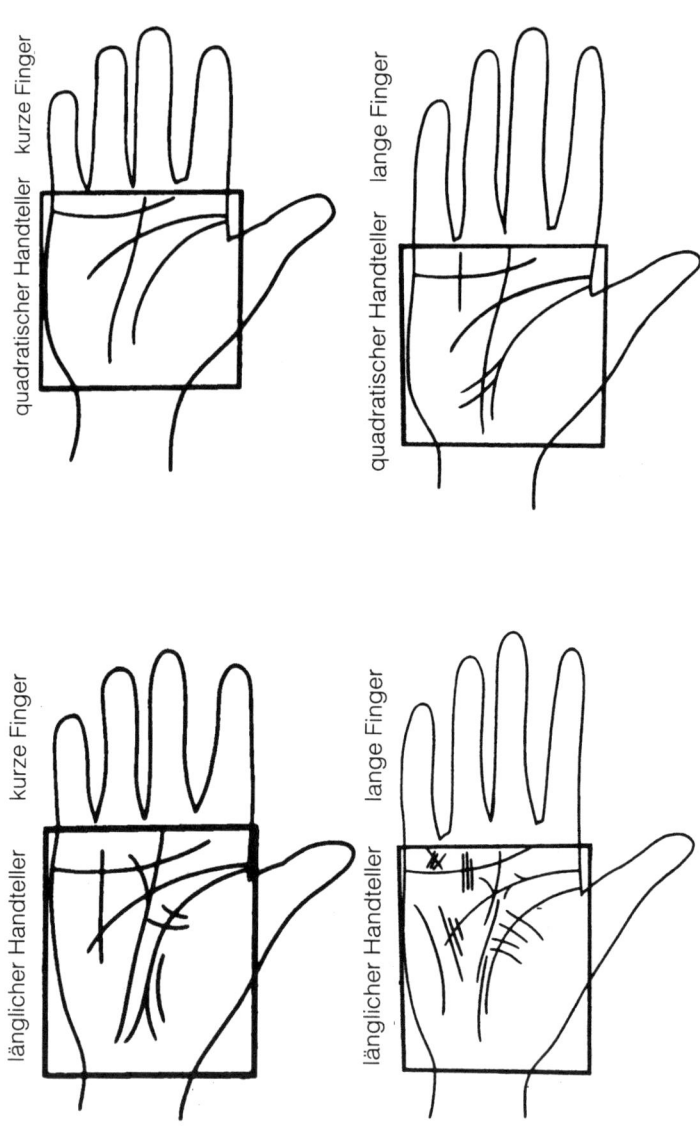

Erd-, Luft-, Feuer- und Wasserhand

Die Erdhand

Wie erkenne ich die Erdhand?

- Quadratischer Handteller mit kurzen Fingern,
- überwiegend schleifen- oder wirbelförmige Fingerabdrücke,
- wenige starke und wohlgeordnete Linien.
- Die Hand ist konturiert, stark und fest und erweckt den Eindruck von Kompetenz.

Menschen mit Erdhänden sind bodenständige und pragmatische Typen. Sie sind stabil, verläßlich und grundsolide, sie arbeiten ungeheuer hart. Was ihnen an Vorstellungskraft fehlt, gleichen sie in ihrer unermüdlichen und methodischen Art durch praktische Erfahrung aus. Sie haben einen nüchternen, entschlossenen Zugang zum Leben. Sie sprechen offen und kommen ohne Zögern auf den Punkt. Ihre Gewohnheit, zu sagen, was sie denken, und die Wahrheit ungeschminkt zu präsentieren, kann oft ungehobelt und unsensibel wirken.

Routine bedeutet Menschen mit Erdhänden sehr viel. Das kann so weit gehen, daß sie ausgesprochen ungehalten werden, wenn ihre sorgfältig aufgestellten Zeitpläne unerwartet durcheinandergeraten. Im allgemeinen sind sie geradlinige rationale Leute mit einer Menge gesundem Menschenverstand. Ihre Denkweise ist materiell, und sie stehen mit beiden Beine fest auf der Erde. Da sie selbst ehrbar und gesetzestreu sind, legen sie großen Wert auf Disziplin und Autorität. Deshalb finden sich viele Menschen mit Erdhänden in der Polizei und den Streitkräften.

Die meisten von ihnen lieben es, so oft wie möglich an die frische Luft zu kommen. Wenn sie längere Zeit in einem Büro eingesperrt waren (was vielen von ihnen ein Greuel ist), können sie es kaum erwarten, zurück in ihren

Garten zu kommen oder einen längeren Spaziergang zu machen.

Die Lufthand

Wie erkenne ich die Lufthand?

- Quadratischer Handteller mit langen Fingern,
- hauptsächlich schleifenförmige Fingerabdrücke,
- verschiedene klare, gutgeformte Linien.
- Die Hand fühlt sich drahtig an und wirkt »sauber« und zuversichtlich.

Menschen mit Lufthänden sind die großen »Kommunikatoren« des Lebens. Sie besitzen einen lebhaften intelligenten Verstand, gepaart mit einer unstillbaren Neugier, die sie an allem, was um sie herum vorgeht, Anteil nehmen läßt. Aufgrund ihrer vogelgleichen Wachsamkeit und ihrer rastlosen Mentalität blühen sie auf in einer Atmosphäre, die vor Aktivität knistert. Diese Menschen sind perfekt dazu geeignet, sich Herausforderungen zu stellen und einen Beruf auszuüben, der von ihnen verlangt, den anderen immer einen Schritt voraus zu sein. Abwechslung und Wandel sind ihr Lebenselixier, Routine und die Monotonie eines Acht-Stunden-Büroalltags lassen ihre Vorstellungskraft verkümmern.

Dank ihres beweglichen Verstands lernen sie schnell und geben ausgezeichnete Studenten ab. Computer, Hi-Tech-Ausrüstungen und alle Arten modernen Schnickschnacks faszinieren sie. Aber ihr vielleicht bestes Gebiet ist die Arbeit mit anderen Menschen. Sie haben ein besonderes Geschick im Umgang mit der Öffentlichkeit. Deswegen findet man so viele von ihnen in den Medien, im Verlagswesen oder in der Reisebranche, wo sie auch ihre sprachlichen Fähigkeiten zum Einsatz bringen können.

Insgesamt sind sie Menschen mit einem ausgewogenen Gefühlsleben. Da sie in der Lage sind, ihre Emotionen zu kontrollieren, können sie kühl und distanziert wirken.

Die Feuerhand

Wie erkenne ich die Feuerhand?

- Länglicher Handteller mit kurzen Fingern,
- verschiedene wirbelartige Fingerabdrücke,
- zahlreiche starke und deutliche Linien.
- Die Handfläche wirkt lebhaft, aber strukturiert, die Hand fühlt sich lebendig und energiegeladen an.

Intelligenz, Energie und Vitalität zeichnen die Menschen mit Feuerhänden aus. Sie sind schwungvoll und enthusiastisch, sie lieben Spaß und können andere mit ihrer Aufregung und ihrem unüberbietbaren Optimismus anstecken. Am besten sind sie im vollen Scheinwerferlicht, und sie erstrahlen in der Zustimmung und im Lob der Menge. Deswegen finden so viele von ihnen ihren natürlichen Platz im Showgeschäft und in der Welt der Unterhaltung.

Aufgrund ihrer grenzenlosen Energie geben Menschen mit Feuerhänden hervorragende Sportler ab. Sie sind von ganzem Herzen Pioniere, nirgends sind sie glücklicher als ganz vorn, wo die »Action« ist. Sie brechen die Rekorde, sie setzen die Standards, sie sind in ihren Berufen immer an vorderster Front.

In allen Bereichen stellen sie ausgezeichnete Führungspersönlichkeiten, die ihre Leute inspirieren und motivieren können. Sie sind starke, positive Individuen, erregbar und unbeständig, und sie tendieren zu einem Leben auf der Überholspur. Diese Neigung, intensiv zu leben, birgt allerdings die Gefahr in sich, daß viele von ihnen einfach ausbrennen, wenn sie nicht lernen, ein vernünftiges Tempo einzuhalten.

Die Wasserhand

Wie erkenne ich die Wasserhand?

- Langer Handteller mit langen Fingern,
- hauptsächlich schleifenförmige Fingerabdrücke,
- eine Fülle feiner, spinnennetzartiger Linien.
- Eine elegante Hand, die zerbrechlich wirkt.

Der Mangel an Masse und Robustheit weist auf eine sensible, gefühlvolle und nervöse Natur hin. Menschen mit dieser Handform sind gedankenvoll und kontemplativ. Deshalb sind sie die Dichter, Träumer und Visionäre. In der Tat ist dies die am wenigsten materialistische Handform. Menschen mit Wasserhänden sind sanfte, passive, spirituelle Personen, die dazu neigen, mit dem Kopf in den Wolken zu leben.

Als schöpferische und hochgradig künstlerische Menschen zieht es viele von ihnen in die Musikbranche und zu den Geisteswissenschaften. Im allgemeinen sind sie kultivierte und gebildete Menschen mit einem verfeinerten Geschmack und einem ausgeprägten Sinn für Ästhetik. Sie können sich stundenlang in kleinen Details verlieren. Diejenigen, die sich nicht mit Kunst beschäftigen, findet man häufig in Pflegeberufen, in denen ihre mitfühlende Natur ein gutes Betätigungsfeld findet.

Menschen mit Wasserhänden können am schlechtesten mit Streß und Druck umgehen. Zu Hause und bei ihrer Arbeit brauchen sie eine friedliche Umgebung, denn Ruhe und Harmonie sind für ihr Wohlbefinden unerläßlich. Sie sind nicht ganz von dieser Welt. Das und ihre wenig realistische unpraktische Veranlagung macht viele Menschen aus dieser Kategorie ungeeignet für die materiellen Anforderungen des Alltagslebens. Da sie darüber hinaus dünnhäutig und leicht beeinflußbar sind, müssen sie darauf achten, daß sie sich nicht ohne weiteres von stärkeren kraftvolleren Persönlichkeiten leiten lassen.

Die Berge

Die Berge (siehe Abbildung Seite 28) sind die fleischigen Ballen, die auf der Handfläche liegen, um die Nervenenden und die Blutgefäße in der Hand zu bedecken und zu schützen. Es gibt eine ganze Menge davon, und jeder repräsentiert bestimmte Eigenschaften, je nach seiner Position auf der Handfläche. Die Art und Weise, in der wir diese Eigenschaften ausdrücken oder im Leben umsetzen, spiegelt sich in der Form des Bergs wider.

Allgemein gesprochen sollten die Berge elastisch sein, nicht zu hart und nicht zu weich. Das gilt besonders für den Venus- bzw. den Mondberg, die beide an der Basis der Hand liegen. Sind sie zu weich, dann ist der Mensch träge, egozentrisch, sinnlich und verträumt. Sind sie zu hart, dann haben wir einen harten Realisten vor uns, jemanden, der bis ins Extrem pragmatisch und phlegmatisch ist.

Als gute Faustregel kann gelten, daß ein hoher, gutgeformter Berg für Qualität steht, also für Integrität und guten Geschmack. Ein formloser, ausgedehnter Berg jedoch bedeutet Quantität, oft auf Kosten der Qualität.

Es ist wichtig einzuschätzen, welche der Berge einer Hand im Vergleich miteinander mehr bzw. weniger entwickelt sind. Das zeigt uns nicht nur, *welche* Aspekte in der Biographie des einzelnen Menschen von größerer (oder geringerer) Bedeutung sind, sondern auch, *wie* die Eigenschaften, die ein bestimmter Berg repräsentiert, zum Ausdruck kommen.

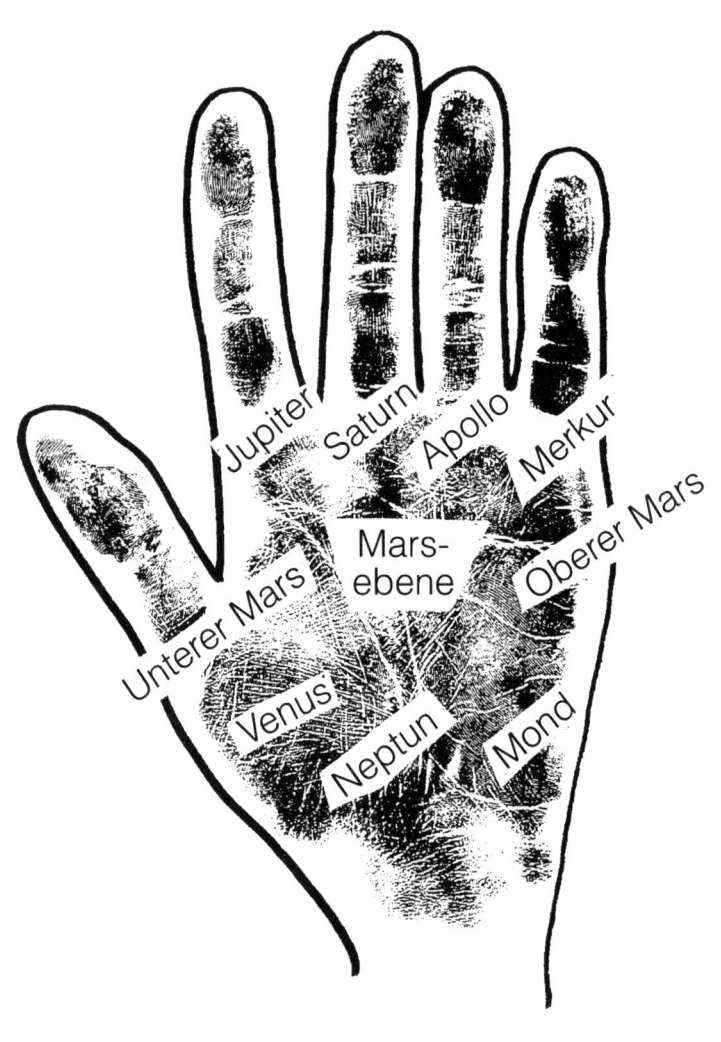

Die Berge

Der Berg der Venus
Der Berg der Venus wird vom Daumenballen gebildet, von dem fleischigen Bereich, der von der Lebenslinie eingegrenzt wird. Je nachdem, wie entwickelt er ist, gibt er Auskunft über das Daseinsgefühl des Menschen und seine Lebensfreude.

Voll und rund:
kraftvoll, enthusiastisch, nach außen orientiert
voller Leben, männlich, vital
große Energie
physische und emotionale Widerstandskraft
Wärme
liebevolle, anziehende Persönlichkeit
fröhliches Gemüt
Bedürfnis nach Liebe

Begrenzt und flach:
mangelnde Vitalität
niedriges Energieniveau
Anfälligkeit für Krankheit und Unpäßlichkeit
schlechte Widerstandskräfte
geringe Regenerationsfähigkeit
kühl und reserviert

Bei Berührung elastisch:
lebhaft, energisch, dynamisch
strotzend vor Gesundheit
immer am Ball

Weich und schlaff:
auf sich selbst konzentriert
bevorzugt ein angenehmes, leichtes Leben
faul
sinnlich

Übergroß:
übertriebene Aktionen, Gefühle und Bedürfnisse
scheinbar »überlebensgroß«
prahlerisch
unkontrollierbare Begierden

Wenn Sie die Fülle dieses Hügels nicht genau bestimmen können, dann überprüfen Sie einfach den Verlauf der Lebenslinie, die sich an seinem Rand entlangzieht. Sie muß, wenn sie Zeichen eines guten geistigen und körperlichen Zustandes sein soll, einen klar geschwungenen Verlauf zur Mitte der Handfläche hin nehmen. Schmiegt sie sich jedoch eng an die Daumenwurzel an, dann zeigt sie uns eine Person, die zurückhaltend und nicht besonders robust ist und eine starke Neigung zum Zynismus aufweist.

Der Berg des Mondes

Gegenüber dem Berg der Venus findet man den Berg des Mondes. Das ist der Bereich am unteren Teil der Handkante, der an das Handgelenk anschließt. In ihm spiegeln sich Vorstellungskraft, Intuition und allgemein gesprochen das Unterbewußte.

Gut entwickelt:
sensibel
empfänglich für Stimmungen, Eindrücke, Schwingungen und atmosphärische Strömungen
Naturgefühl
Wärme und Sympathie
natürliche Fähigkeit, sich in andere einzufühlen
phantasievoll

Tief am Handgelenk angesetzt:
im Einklang mit den Rhythmen der Natur
übersinnlich begabt

Gefühl für Haltung und Auftreten (diese Ausformung haben Fotomodelle und Tänzer)
hypersensibel für Schwingungen

Eine hohe Kuppel bildend:
erhöhte Wahrnehmung
ausgeprägte Vorstellungskraft

Groß und weich:
Träumer
träge
anfällig für Stimmungen
Neigung zu Melancholie und Depressionen

Wenig ausgeprägt:
phantasielos
konservativ
konformistische Einstellung
emotional kühl und distanziert

Der Berg des Neptun

Zwischen dem Berg der Venus und dem Berg des Mondes liegt der Berg des Neptun. Er ist nur selten voll entwickelt.

Gut entwickelt:
magnetische Persönlichkeit
charismatisch
spirituell
Interesse an Mystik
übersinnliches Wahrnehmungsvermögen

Groß und flach:
Mangel an Selbstreflektion

Der obere Mars

Der Bereich des oberen Mars liegt unmittelbar über dem Berg des Mondes. Er steht für Zivilcourage und die Fähigkeit der Person zu Toleranz, Ausdauer und Widerstand.

Gut entwickelt:
Durchaltevermögen angesichts von Schwierigkeiten
starke moralische Prinzipien
hohe Schmerzschwelle

Schwach ausgebildet und flach:
Mangel an moralischem Rückgrat
Mangel an Integrität
Feigheit in moralischen Fragen
niedrige Schmerzschwelle

Der untere Mars

Der untere Marsberg schließt oben an den Venusberg an, innerhalb des oberen Teils der Lebenslinie. Während der obere Mars den moralischen Mut repräsentiert, weist dieser Berg auf körperlichen Mut und Kühnheit hin.

Überdurchschnittlich entwickelt:
Mut
Kampfgeist
Streitlust
Aggression
Freude an Herausforderungen
Waghalsigkeit

Unterentwickelt:
Mangel an Mut

Gut entwickelt:
sportlich

aktiv, energiegeladen
kann körperlich mit sich umgehen
gutes Gleichgewicht zwischen Mut und Umsicht

Die Ebene des Mars
Das ist der Bereich zwischen oberem und unterem Mars. Er ist unter dem Namen »Energiespeicher« bekannt geworden. Sie können seine Tiefe bzw. seine Stärke einschätzen, indem Sie ihn zwischen Daumen und Zeigefinger nehmen.

Weich und schwammig:
faul
nachlässig mit sich selbst
selbstsüchtig

Dünn:
Mangel an gesundem Menschenverstand
egozentrisch

Dick und gut gepolstert:
einfallsreich
gerissen

Der Berg des Jupiter
Dieser Berg liegt direkt unter dem Zeigefinger. Er repräsentiert das Ego, das Ansehen und den weltlichen Ehrgeiz.

Gut ausgebildet:
guter Gerechtigkeitssinn
hoher moralischer Maßstab
Selbstachtung
Selbstbewußtsein
gutes Identitätsgefühl
vernünftige Einschätzung der eigenen Stärken und Schwächen

Überentwickelt:
arrogant
wichtigtuerisch
rechthaberisch
pompös

Flach:
ein Kämpfer
leicht beeinflußbar

Der Berg des Saturn

Dieser Berg liegt unter dem Mittelfinger. Er steht für eine Reihe unterschiedlicher Aspekte des Lebens: Stabilität, Besitz, die Grundbedürfnisse des Lebens, Ackerbau, manchmal Studium und Philosophie und gelegentlich auch Musik. Es ist psychologisch gesehen gesünder, wenn dieser Berg nicht stark entwickelt ist.

Großflächig oder hoch:
düster
melancholisch
pessimistisch
Spielverderber
ungesellig
Misanthrop

Sanft gerundet:
Liebe zur Forschung
Wissenschaftler
vielseitiger Musiker
Interesse am Übersinnlichen und Okkulten

Der Berg des Apollo

An der Wurzel des Ringfingers gelegen, wird der Berg des Apollo mit Kreativität und Kunst, mit Glück, Zufriedenheit und Erfolg in Verbindung gebracht.

Gut ausgebildet:
warmherzig
großzügig
freundliches Gemüt
beliebt
anziehende Persönlichkeit
Glückspilz

Übergroß:
aufdringlicher Geschmack
aufschneiderisch
extravagant
süchtig nach Aufmerksamkeit
empfänglich für Schmeicheleien

Unterentwickelt:
genügsam
Mangel an ästhetischem Empfinden

Der Berg des Merkur

Dieser Berg liegt unter dem kleinen Finger. Er repräsentiert Kommunikation und persönlichen Ausdruck.

Gut ausgebildet:
freiheitsliebend
verständigt sich leicht mit anderen Menschen
kann andere beruhigen
warmherzig und freundlich
Geschäftssinn

Übergroß:
nervöse Energie
abhängig von Stimulation
leicht gelangweilt

Unterentwickelt:
mangelndes Selbstvertrauen
findet oft keine Worte
Angst, sich lächerlich zu machen
scheu und befangen

Zu hoch:
geschwätzig
tratscht gern

Die Teilung der Hand

Es ist möglich, bei der Betrachtung einer Hand auf einen Blick zu ersehen, welche Aspekte des Lebens für diesen Menschen die herausragenden sind. Das geschieht, indem die Handfläche geteilt wird, zunächst senkrecht und dann waagrecht. So wird festgelegt, welche Seite stärker entwickelt und damit auch stärker betont ist.

Die senkrechte Teilung
Damit werden die Unterschiede in der Gewichtung zwischen den rationalen und den instinktiven Seiten der Persönlichkeit enthüllt. Die Trennungslinie wird vom Handgelenk an aufwärts bis zu dem Häutchen zwischen Mittel- und Ringfinger gezogen (siehe Abbildung Seite 37). Der Teil der Handfläche, der auf der radialen oder Daumenseite liegt, repräsentiert das Ego, das bewußte oder rationale Selbst. Die andere Hälfte, die zur Handkante hin liegt, wird lunare Seite genannt. Sie steht für den unbewußten oder instinktiven Teil der Persönlichkeit.

Scheint die Hälfte der Hand, die auf der Daumenseite liegt, besser entwickelt zu sein als die andere, dann drehen sich die vorherrschenden Sorgen dieses Menschen um die konkreteren, die weltlichen und materialistischen Dinge

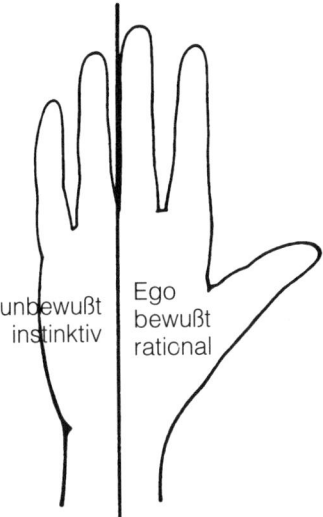

Die senkrechte Teilung der Handfläche

des Alltags. Es dominieren die bewußten, logischen, rationalen und handgreiflichen Angelegenheiten des Lebens.

Erscheint jedoch die ulnare Seite voller und großzügiger ausgebildet, dann ist es die unbewußte, intuitive oder bildhafte Seite der Persönlichkeit, die über alle anderen Aspekte des Lebens dominiert. Eine starke Entwicklung auf dieser Seite zeigt, daß es die Seele bzw. die spirituellen oder die schöpferischen Elemente sind, die im Leben dieser Person am meisten bedeuten. Sie sind weit wichtiger als irgendwelche materiellen oder weltlichen Dinge.

Die waagrechte Teilung

Die Hand kann waagrecht in drei verschiedene Bereiche eingeteilt werden (siehe Abbildung Seite 38). Das untere Drittel (das Mond-, Neptun- und Venusberg umfaßt) spiegelt Vitalität, körperliche Stärke und Robustheit wider. Hier ist die Lebenskraft ablesbar. Dieser Bereich repräsen-

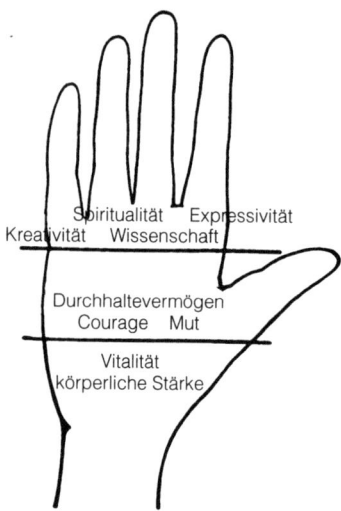

Die waagrechte Teilung der Handfläche

tiert die Energiereserven des Körpers. Ist er gut entwickelt, dann zeigt sich in seinem Licht ein starker, körperbetonter und energiegeladener Mensch, der das Leben leidenschaftlich liebt. Unter Umständen ist es ein Sportler, immer aber eine bodenständige Person. Wenn der Bereich nur mangelhaft enwickelt ist, sich also zum Handgelenk hin stark verjüngt, dann läßt das einen Menschen erkennen, dem es an Lebenskraft fehlt, der physisch nicht allzu robust ist und der viel Ruhe braucht, um seine Energie zu erhalten.

Der mittlere Teil der Handfläche (der aus den beiden Marsbergen und der Marsebene besteht) steht für Durchhaltevermögen, körperlichen Mut, Aggressivität und Tollkühnheit, verbunden mit moralischer Integrität und Tapferkeit. Wenn dieser Bereich stärker erscheint als die beiden anderen, dann ist die betreffende Person mit all diesen Eigenschaften gut ausgestattet. Wahrhaftige, mutige und kompromißlose Führungspersönlichkeiten wie Spartakus oder die heilige Johanna von Orleans könnten so eine Hand besessen haben.

Der Bereich, der sich quer über den obersten Teil der Handfläche zieht (bestehend aus den Bergen, die unterhalb der Finger liegen) gibt wieder, wie wir uns auf den Gebieten Kreativität, Spiritualität und Wissenschaft verwirklichen. Wenn die Handfläche insgesamt zu den Fingern hin breiter wird, so daß sie ihre größte Weite in diesem Abschnitt erreicht, dann läßt das vermuten, daß intellektuelle Ziele und Interessen vorherrschen.

Die Handkante

Eine sorgfältige Analyse der Handkante sagt eine Menge über die schöpferischen Kräfte einer Person aus.

Ein Vorsprung unterhalb des kleinen Fingers. Wenn die Handkante an dieser Stelle einen merklichen Vorsprung besitzt (siehe Abdruck 2), ist das ein Zeichen für einen Menschen, der hochgradig reizbar ist und ständig am Rande des Nervenzusammenbruchs lebt. Das sind geistige Hektiker, die pausenlos denken und planen und denen es schwerfällt abzuschalten. Diese Leute neigen dazu, ihren Körper mit Hilfe ihres Verstandes voranzutreiben. Sie müssen darauf achten, sich nicht körperlich oder geistig zu verausgaben. Menschen dieses Typs sind gut beraten, Entspannungs- oder Meditationsübungen zu machen, vielleicht auch einfache Yogaübungen, um ihre überaktiven Gehirne zu beruhigen.

Die ganze Handkante bildet eine konvexe Kurve. Wenn die gesamte Kante der Hand eine Art Erker formt, dann ist das ein Zeichen für Kreativität (siehe Abdruck 3). Menschen mit diesem Merkmal sind hochgradig intuitiv veranlagt und können unter Umständen sogar prophetische Träume haben. Sie sollten lernen, auf ihre Instinkte und

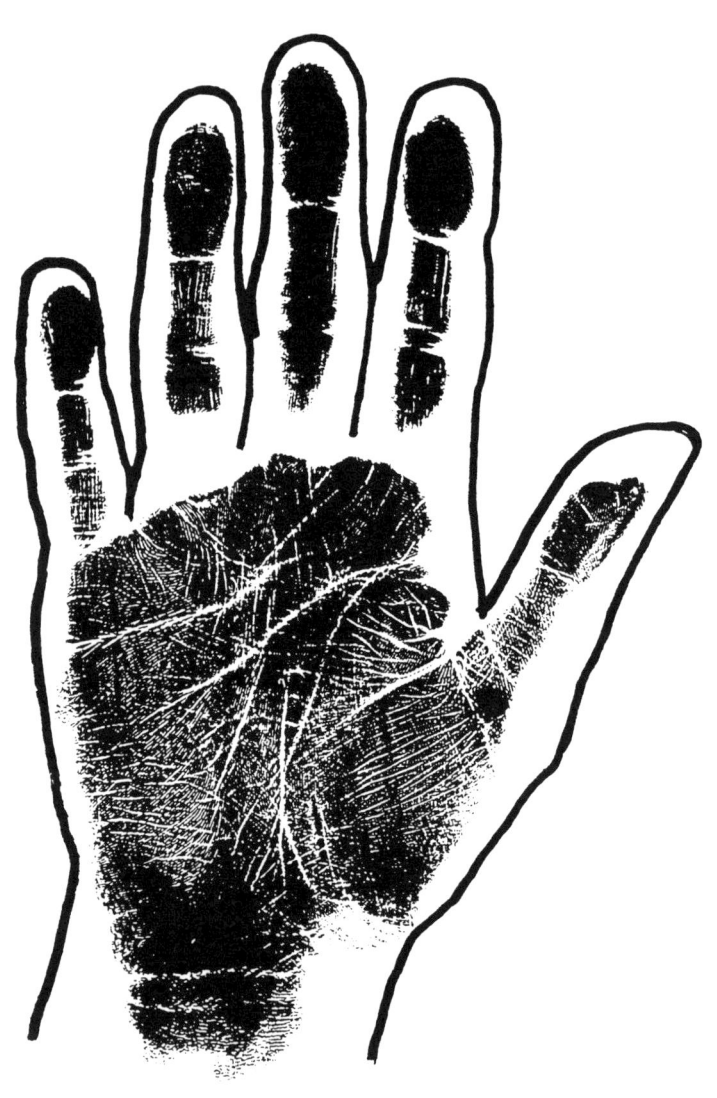

*Die Handkante zeigt im oberen Teil einen Vorsprung
(Abdruck 2)*

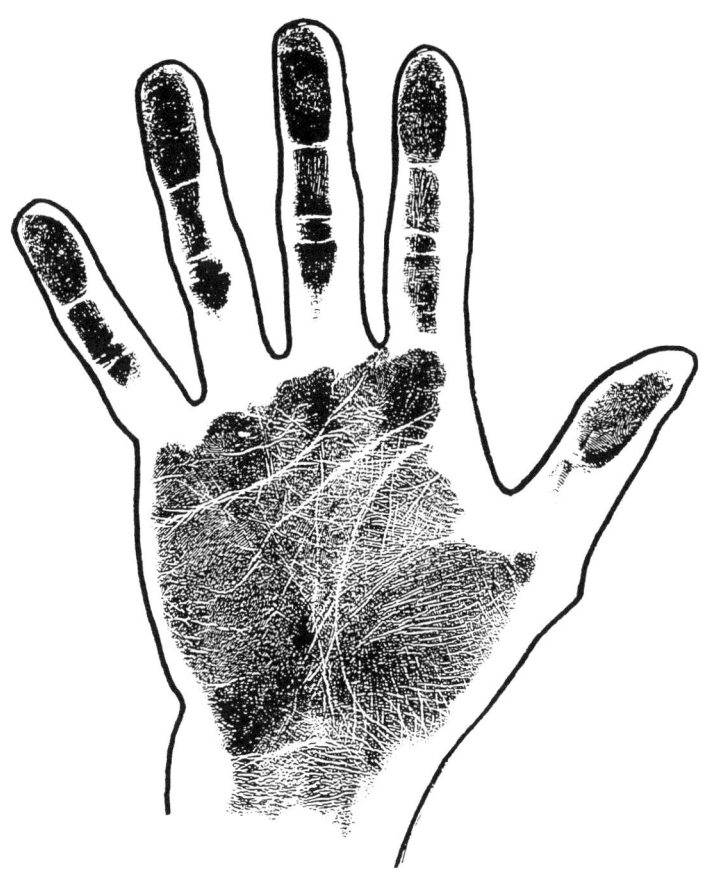

Gekurvter Verlauf der Handkante (Abdruck 3)

Gefühle zu vertrauen, denn diese können ihnen auf ihrem Lebensweg unschätzbare Führer sein.

Die Basis ist gut entwickelt. Wenn der Bereich der größten Entwicklung im unteren Abschnitt des Handgelenks liegt, wirft das ein Licht auf ausgezeichnete körperliche Reserven. Dieses Merkmal sieht man typischerweise in den Händen von Sportlern bzw. Sportlerinnen: aktive, energiegeladene Leute, die ein Leben im Freien bevorzugen.

Gerade. Eine gerade, flache Handkante enthüllt einen Mangel an Vitalität und Durchhaltevermögen. Darüber hinaus kann es an Phantasie fehlen, und die intuitiven Fähigkeiten sind unterentwickelt.

Die Finger und der Daumen

Die Finger

Man kann die Finger als Zeige-, Mittel-, Ring- und kleinen Finger bezeichnen. Viele Handleser benennen sie jedoch mit ihren klassischen Namen: Jupiter, Saturn, Apollo und Merkur. Das sind nichts weiter als Abkürzungen, welche die Prinzipien, die die einzelnen Finger repräsentieren, in einem einzigen Ausdruck verdichten.

Die Fingerglieder

Jeder Finger besteht aus drei Gliedern: dem obersten oder Endglied, dem Mittelglied und dem Basisglied. Das obere Glied bringt die geistige, spirituelle und emotionale Dimension des jeweiligen Fingers zum Ausdruck. Das mittlere Glied sagt uns, wie die Fähigkeiten in der Praxis zur Anwendung kommen. Das untere Glied verrät die körperliche oder materielle Einstellung.

Sind die mittleren Glieder kürzer als die beiden anderen, ist das das Zeichen für einen Träumer, jemand, der gute Ideen hat, sie aber nicht verwirklicht. Wenn die obersten Glieder die längsten sind, dann ist die Lebenseinstellung dieser Person eher intellektuell als praktisch. Mit organisatorischen bzw. praktischen Fähigkeiten stechen Menschen hervor, deren Mittelglieder die anderen an Länge übertreffen. Volle, gerundete oder gut entwickelte Basisglieder (siehe Abdruck 4) bedeuten in der Regel eine nüchterne oder sogar materialistische Lebenseinstellung. Außerdem weisen sie auf eine sinnliche und zuweilen gegen sich selbst nachsichtige Natur hin. Je dicker die Finger sind, desto

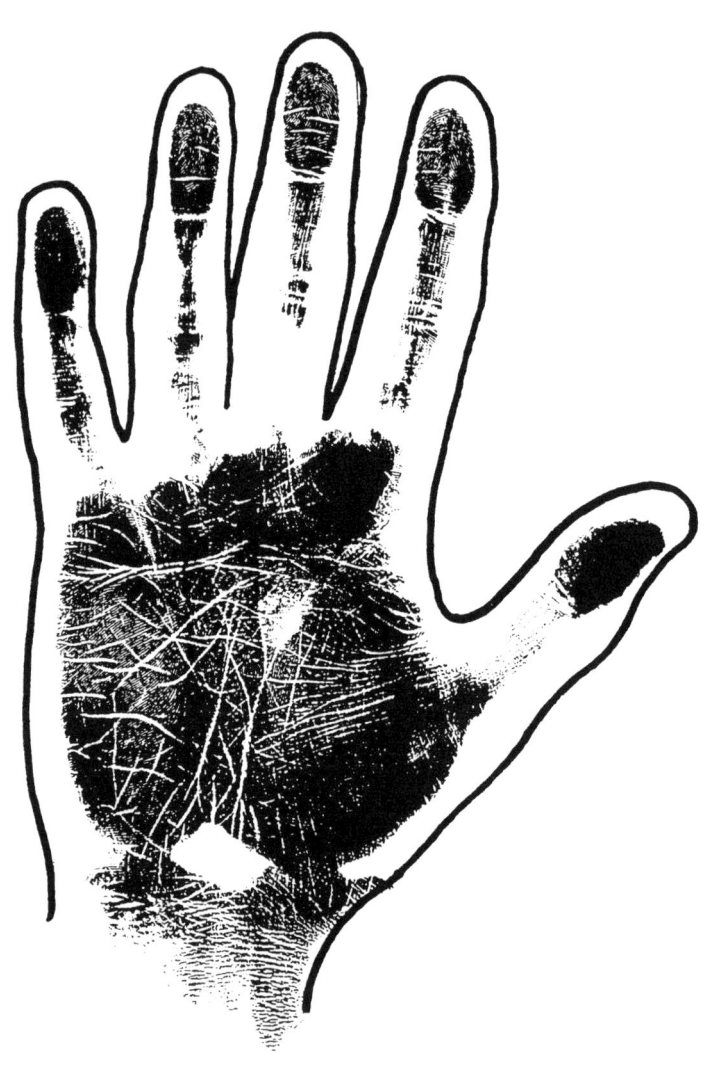

Volle Basisglieder (Abdruck 4)

Tautropfen an der Fingerkuppe

leichter, angenehmer und luxuriöser sollte nach Ansicht ihrer Besitzer das Leben sein.

Im Gegensatz dazu stehen dünne, kraftvolle Finger für eine mäßigere, genügsamere und eher spirituelle Einstellung. Menschen mit dünnen Fingern können ohne allzu viele Güter recht glücklich leben, und sie verfügen über die richtige Philosophie, um in harten Zeiten den Gürtel enger schnallen zu können. Qualität ist ihnen weit wichtiger als Quantität.

Manchmal haben die Fingerkuppen die Form kleiner runder Polster, die wie Wassertröpfchen aussehen und den passenden Namen »Tautropfen« tragen (siehe Abbildung oben). Personen mit dieser Fingerform haben einen sehr sensiblen Tastsinn und erhöhte taktile Fähigkeiten.

Die Fingerlänge

Je länger die Finger sind, desto geduldiger und gewissenhafter ist die betreffende Person (siehe Abbildung Seite 46a). Menschen mit langen Fingern bündeln ihre Aufmerksamkeit und sind in der Lage, sich über endlos lange Zeiträume hinweg feinen, verwickelten und kunstvollen Arbeiten hinzugeben. Sie haben ein Auge für Einzelheiten und brauchen Zeit, um nachzudenken und Dinge abzuwägen. Lange Finger sind das Zeichen des guten Kunsthandwerkers, des Mathematikers, des Logikers oder jeder Person mit einer Beschäftigung, für die Konzentration und akribische Aufmerksamkeit fürs Detail erforderlich ist.

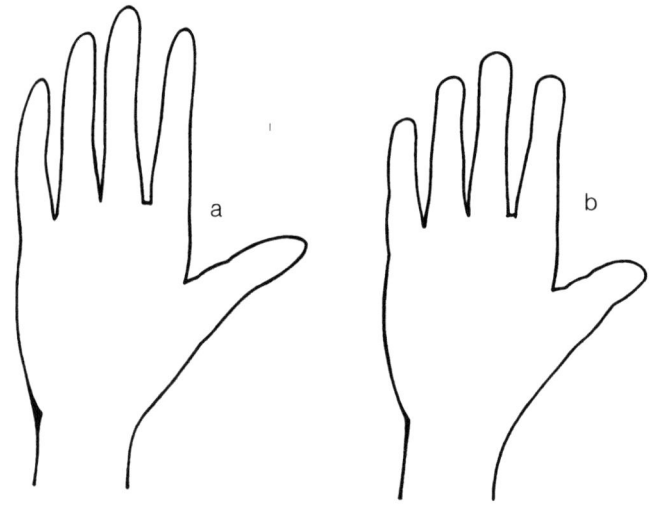

Fingerlängen

Kurzfingerige Menschen (Abbildung b) haben eine großzügigere Einstellung. Bürokratie frustriert sie, und pedantisches Herumreiten auf Kleinigkeiten wurmt sie heftig. Kurze Finger weisen auf impulsive, instinktive und intuitive Typen hin. Solche Leute wollen eher einen Gesamtüberblick bekommen, als gezielt auf Feinheiten zuzusteuern. Sie sind hervorragend, wenn es darum geht, Dinge zu planen und Projekte ins Rollen zu bringen, aber sie ziehen es vor, die Einzelheiten ihren Kollegen mit den langen Fingern zu überlassen. Erwarten Sie nie, daß kurzfingerige Menschen sich streng an die Vorschriften halten – das geht ihnen nicht schnell genug. Und sie haben auch wenig Geduld mit dümmeren Zeitgenossen!

Im nächsten Abschnitt werden alle Finger einzeln behandelt. Sie werden mit ihren Stärken und Schwächen untersucht und in Beziehung zu ihren Nachbarn gesetzt.

Der Jupiter- oder Zeigefinger
Jupiter war in der klassischen römischen Mythologie der oberste Gott und der Weltenherrscher. In der Handanalyse wird dieser Finger grundsätzlich als der Finger des »Ich« betrachtet. Er repräsentiert:

- Das Ego,
- das bewußte Selbst in seiner Beziehung zur Umwelt,
- die Einstellung zu der eigenen Position in der Welt,
- Führungsqualitäten,
- das Interesse an Politik,
- das Interesse an Religion,
- das Interesse an Recht und Ordnung.

Ein gerader, gut gewachsener Zeigefinger ist das Zeichen eines gesunden Ego. Er verrät beträchtliches Selbstvertrauen und das Gefühl, das eigene Schicksal im Griff zu haben. Wenn er nach außen zum Daumen hin gebogen ist, bedeutet das eine stark ehrgeizige Ader. Ziele und Gegenstände dieses Ehrgeizes hängen von der übrigen Hand ab.

Ein überlanger Zeigefinger (siehe Abdruck 5), der also genauso lang oder sogar länger ist als der Mittelfinger, spiegelt ein Bedürfnis nach Macht und Kontrolle über andere Menschen wider. An einer guten Hand ist er ein Zeichen für eine hervorragende Führungspersönlichkeit. An einer schlechten Hand allerdings, die Schwächen, fehlgeleitete Aggression oder Verderbtheit sehen läßt, läßt dieses Zeichen den einfachen Schlägertypen genauso wie den Diktator erkennen.

Ein sehr kurzer Zeigefinger – also beträchtlich kürzer als der Ringfinger – steht für einen Mangel an Selbstvertrauen und ein Gefühl der Unzulänglichkeit. Personen mit diesem Merkmal sind oft befangen und scheinen nicht Herren ihres Schicksals zu sein. Ist der Finger darüber hinaus noch tief an der Handfläche angesetzt, so kann das einen starken

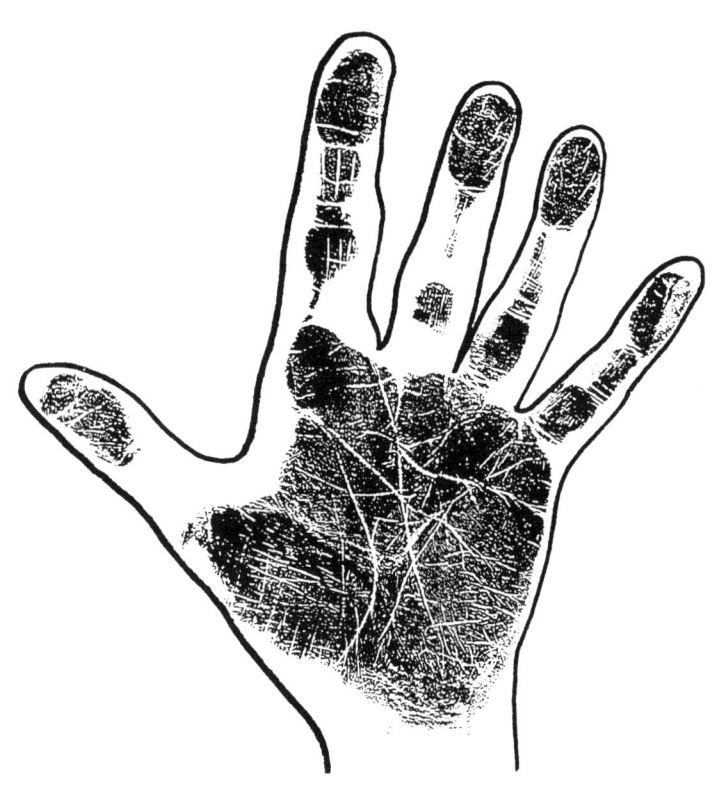

Ein langer Zeigefinger (Abdruck 5)

Minderwertigkeitskomplex bedeuten, der einen Typ Mensch hervorbringt, der sich ständig angegriffen fühlt.

Neigt sich die Fingerspitze merklich auf den Saturnfinger zu, dann berichtet sie uns von einem Menschen, der lieber in Ruhe hinter den Kulissen arbeitet, als im vollen Schein des Rampenlichts zu stehen. Hier findet sich eine starke Abneigung gegen Wettbewerb, und alles, was mit gegenseitiger Verdrängung oder Ellbogendenken zu tun hat, wird um jeden Preis vermieden.

Ein langes oberstes Glied an diesem Finger betont Interesse und Teilnahme an Politik, Religion und Recht. Viele Pfarrer, Militärführer, Politiker, Rechtsanwälte, Richter und Polizisten haben dieses Merkmal an ihrem Zeigefinger. Lange Mittelglieder sind das Kennzeichen des Verwalters. Lange Basisglieder gehören zu Trainern und Managern in der Welt des Sports. Volle oder breite Zeigefinger kennzeichnen Mitarbeiter des Gaststättengewerbes, Chefköche, Restaurantbesitzer und alle, die gutes Essen schätzen.

Der Saturn- oder Mittelfinger
Saturn war in der Mythologie der Vater Jupiters und wird deshalb mit hohem Alter und beschaulichem Studium in Verbindung gebracht. In der Handanalyse wird dieser Finger mit folgenden Merkmalen verknüpft:

- Die eigenen Vorstellungen von Sicherheit,
- die Einstellung zu Stabilität, Bindung und Verantwortung,
- die Grundfragen des Lebens,
- Besitz,
- Ackerbau, Viehzucht und Land,
- Bergbau,
- Umweltschutz,
- Forschung,
- Geschichte und Tradition.

Ein sehr langer Mittelfinger steht für eine düstere Veranlagung, für Menschen, die melancholisch, niedergeschlagen und manchmal ohne jeden Antrieb sind. Sie sind möglicherweise depressiv und erstarrt in ihrem Temperament. Ein kurzer Mittelfinger weist auf einen gehobenen Lebenskünstler hin, der auf Traditionen, Regeln und Gebräuche pfeift. Menschen mit ausgesprochen kurzen Saturnfingern verabscheuen kleinliche Bürokratie mehr als alles andere.

Ein langes oberstes Glied an diesem Finger weist auf eine Liebe zur Forschung hin. Außerdem verrät es Interesse an anderen Religionen und am Übersinnlichen. Ein langes Mittelglied ist das Kennzeichen des effizienten Managers oder Wirtschafters. Auch Mathematiker, Buchhalter, Geschichtswissenschaftler, Naturwissenschaftler und Physiker können ein solches Merkmal aufweisen, genauso wie Bauern und Umweltschützer. Ein langes unteres Glied spiegelt die Sorge um die körperliche und materielle Sicherheit wider, um Land, Besitz und Geld.

Der Apollo- oder Ringfinger
Der Legende nach war Apoll der Gott, der in seinem goldenen Sonnenwagen die Himmelsgewölbe durchfuhr. Er wurde mit Musik und Dichtkunst, mit Prophetie und Heilkunde in Verbindung gebracht. In der Handanalyse repräsentiert dieser Finger folgende Eigenschaften:

- Kreativität,
- die Künste,
- eine Ader für Glück und Erfüllung,
- Erfolg.

Ein langer Ringfinger – länger als der Mittelfinger – ist das Zeichen des Spielers, des allzu zuversichtlichen Spekulanten. Damit sind nicht nur Leute gemeint, die die eine oder andere Wette auf Pferde abschließen. Das gilt für jeden, der

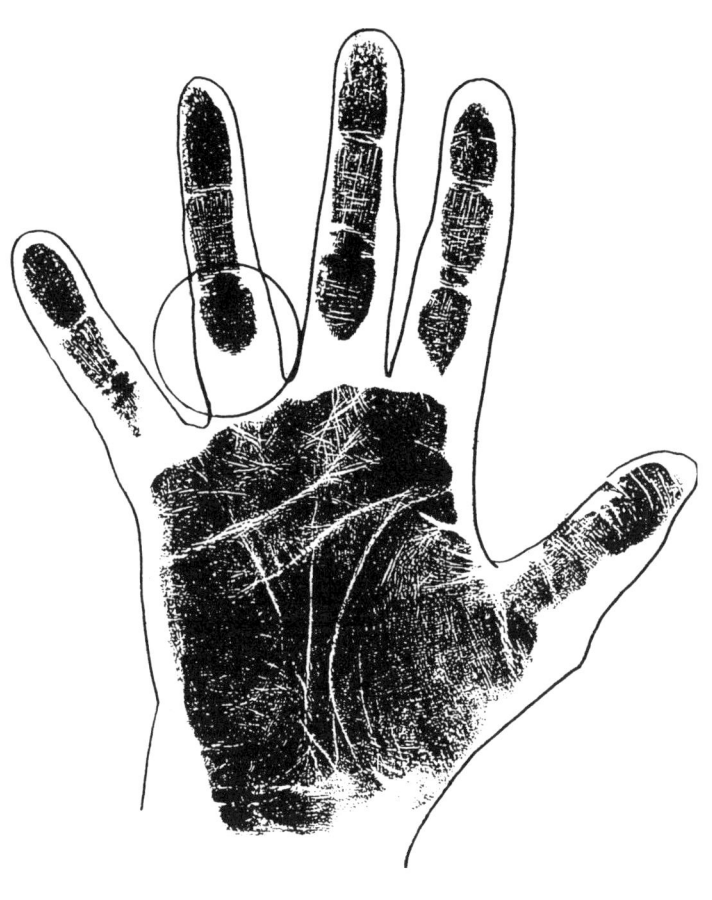

Voll entwickeltes Basisglied am Ringfinger (Abdruck 6)

bereit ist, im Leben Risiken einzugehen und sein Glück zu versuchen. Ein sehr kurzer Ringfinger bedeutet einen Mangel an schöpferischem Talent und möglicherweise einen Menschen, der der Kunst keine Wertschätzung entgegenbringt.

Ein langes oberstes Glied weist auf einen intellektuellen Zugang zur Kunst hin. Interessant ist eine breite oder spatelförmige Fingerspitze, da sie ein Zeichen für eine dramatische Begabung darstellt. Schauspieler und Schauspielerinnen besitzen fast ausnahmslos Apollofinger mit spatelförmiger Spitze. Es kann auch eine Neigung zu Übertreibungen vorkommen. Ein langes und schlankes Mittelglied enthüllt ein Auge für Details, Linienführung, Farbe und Perspektive. Ein langes Basisglied demonstriert guten künstlerischen Geschmack. An einem dicken und gut entwickelten Fingerglied zeigt sich der sogenannte »Sammlertrieb« (siehe Abdruck 6). Das betrifft das wählerische und sorgfältig unterscheidende Auge des Antikensammlers genauso wie den Menschen, der Packpapier und Schnur hortet!

Der Merkur- oder kleine Finger
In der Mythologie war Merkur der Götterbote, der auch den Schlaf brachte. Aufgrund dieser klassischen Rolle repräsentiert der Merkurfinger:

- Kommunikation,
- schriftstellerische Talente,
- Geschäfte,
- Finanzen,
- Medizin,
- Wissenschaft,
- Selbstausdruck,
- die sexuellen und unbewußten Triebkräfte.

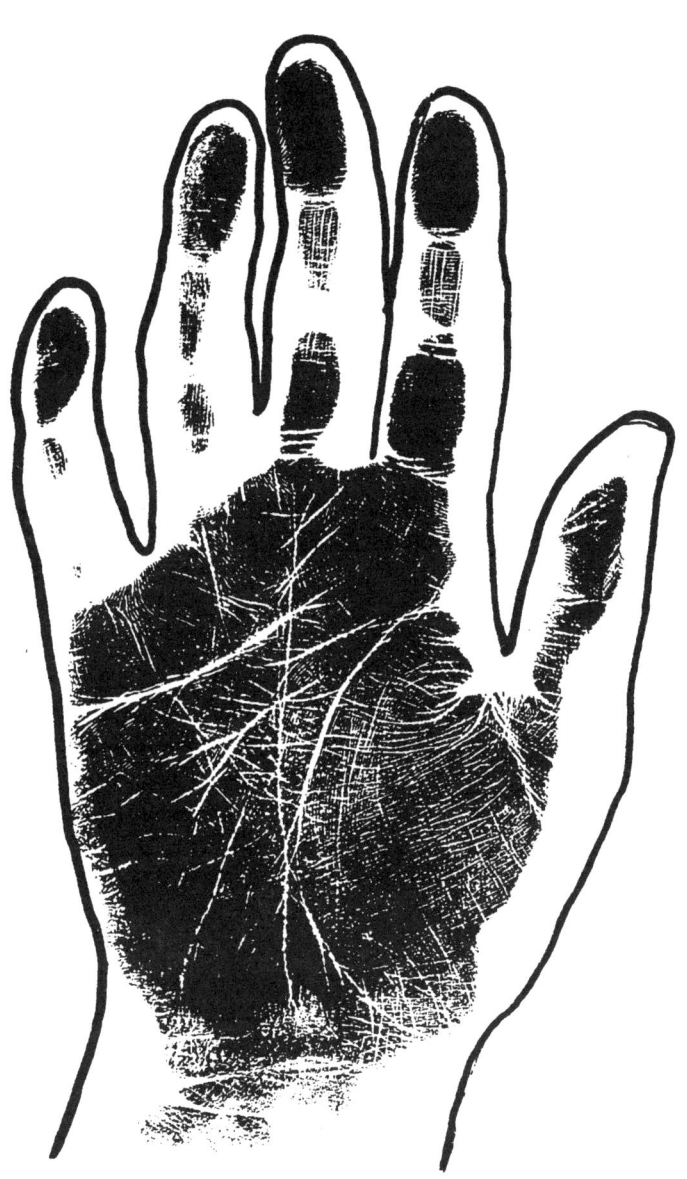

Tief angesetzter Merkurfinger (Abdruck 7)

Ein langer und schlanker kleiner Finger tritt normalerweise bei Menschen auf, die sich auszudrücken wissen, gute schlagfertige Redner. Leute aus dem literarischen Bereich, also Autoren, Dichter und in den Massenmedien Beschäftigte besitzen oft lange Merkurfinger. Ein kurzer Finger bedeutet Schüchternheit und Schweigsamkeit. Der Merkurfinger kann manchmal kurz *aussehen*, weil er sehr tief an der Handfläche angesetzt ist (siehe Abdruck 7). Ein solcher Finger ist das Zeichen eines tiefgreifenden Mangels an Selbstvertrauen. Eine Fingerspitze, die sich auf den Ringfinger zu neigt, zeigt den Geist der Selbstaufopferung eines Altruisten.

Ein langes oberstes Glied des Merkurfingers sieht man an der Hand charmanter Menschen und bei Leuten mit einem beredten Mundwerk – von der Sorte, die einem Esel seine Hinterbeine abschwatzen können. Lange Mittelglieder kennzeichnen Personen in Pflegeberufen oder anderen Berufen, die Hingabe verlangen, zum Beispiel Krankenschwestern und Ärzte. Allerdings weisen auch manche Wissenschaftler dieses Merkmal auf. Zu guter Letzt können lange untere Glieder ein Bedürfnis nach geistiger und körperlicher Freiheit enthüllen.

Die Fingerspitzen

Die Fingerspitzen können in verschiedenen Formen auslaufen (siehe Abbildung). Manche sind stumpf und eckig, manche konisch oder spatelförmig, andere sind spitz. Jede Form wird mit charakteristischen Eigenschaften gleichgesetzt.

- *Finger mit eckigen Spitzen* bringen eine praktische, sachliche und nüchterne Qualität ins Spiel.
- *Finger mit konischen Spitzen* erleichtern den problemlosen Austausch von Ideen und Mitteilungen.
- *Finger mit spatelförmigen Spitzen* steuern innovative Ideen von großer Tragweite bei.

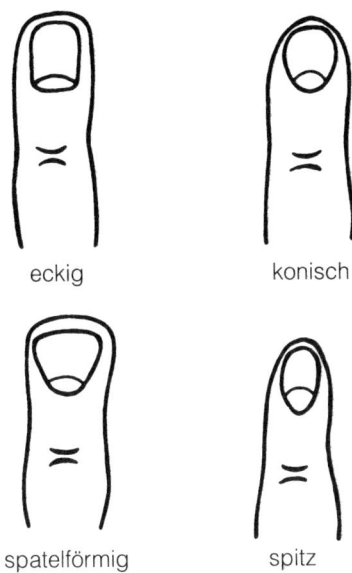

Die Fingerspitzen

- *Spitze Finger* ermöglichen schnelle Reaktionen und Antworten. Bei einer negativen Hand kann das zu einem siebengescheiten Verhalten, zu Gemeinheit oder zu hinterlistigem und geradezu manipulativem Verhalten führen.

Der Ansatz der Finger an der Hand
Normalerweise sind die Finger an der Hand so angesetzt, daß sich die Form einer sanften Kurve ergibt. Das ist das Zeichen für eine Person, die sich im Gleichgewicht befindet, mit gemäßigten Ansichten und einer toleranten Einstellung.

Sind die Finger an einer geraden Linie angesetzt, dann ist das Selbstvertrauen ihrer Besitzer so ausgeprägt, daß sie in Gefahr geraten, arrogant zu werden (siehe Abbildung a).

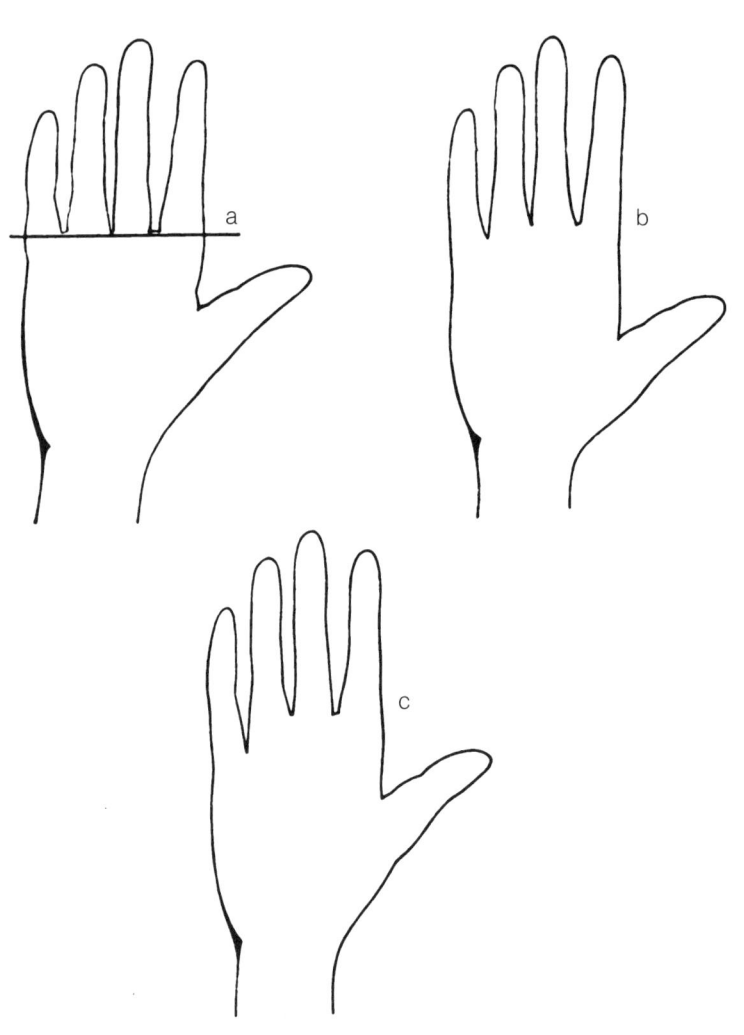

Ansatz der Finger

Solche Menschen besitzen eine starke innere Dynamik. Sie können penetrant oder sogar aggressiv sein. Weil sich bei ihnen kaum Selbstzweifel regen, glauben sie, alles was sie tun, müsse richtig sein!

Sehr tief angesetzte Zeigefinger (siehe Abbildung b) lassen eine Neigung vermuten, sich ständig angegriffen zu fühlen, die meistens durch einen Minderwertigkeitskomplex verursacht ist.

Wenn nur der kleine Finger erkennbar tiefer angesetzt ist (siehe Abbildung c), enthüllt sich ein tiefgreifender Mangel an Selbstvertrauen, der oft in frühester Jugend durch den Einfluß der Umwelt oder der Eltern hervorgerufen wurde. Vielleicht hatte das Kind das deutliche Gefühl, die Erwartungen seiner Eltern nicht erfüllen zu können, oder es fühlte sich nicht in der Lage, mit fröhlicheren, klügeren oder attraktiveren Geschwistern mitzuhalten. Oder es paßte einfach nicht in die Philosophie bzw. das Milieu der Familie.

Die Abstände zwischen den Fingern
Es ergeben sich eine Reihe interessanter Einsichten, wenn die Hand flach auf den Tisch gelegt wird und man untersucht, in welchem Verhältnis zueinander die Finger zu liegen kommen.

Werden alle Finger eng zusammen gehalten, läßt das eine reservierte, möglicherweise introvertierte und ziemlich unselbständige Persönlichkeit vermuten.

Sind die Finger alle ausgebreitet, dann ist die betreffende Person ziemlich offen und extravertiert. Das ist das Zeichen einer munteren und aufgeweckten, optimistischen und unbekümmerten Natur.

Ein großer Abstand zwischen Zeigefinger und Mittelfinger zeigt intellektuelle Unabhängigkeit. Menschen mit dieser Konstellation treffen gern ihre eigenen Entscheidungen.

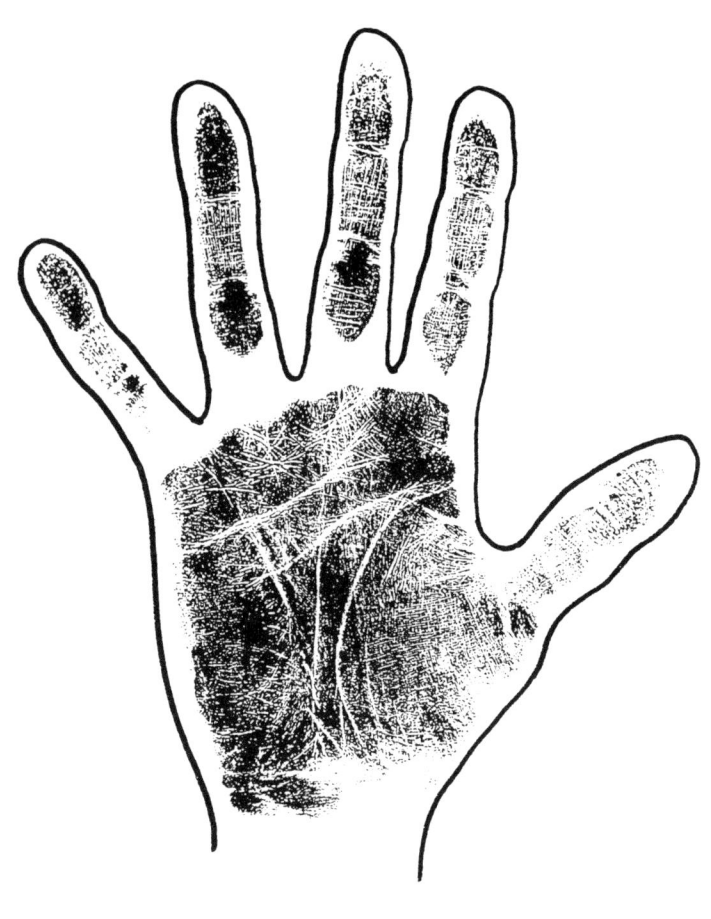

*Mittel- und Ringfinger weit auseinandergehalten
(Abdruck 8)*

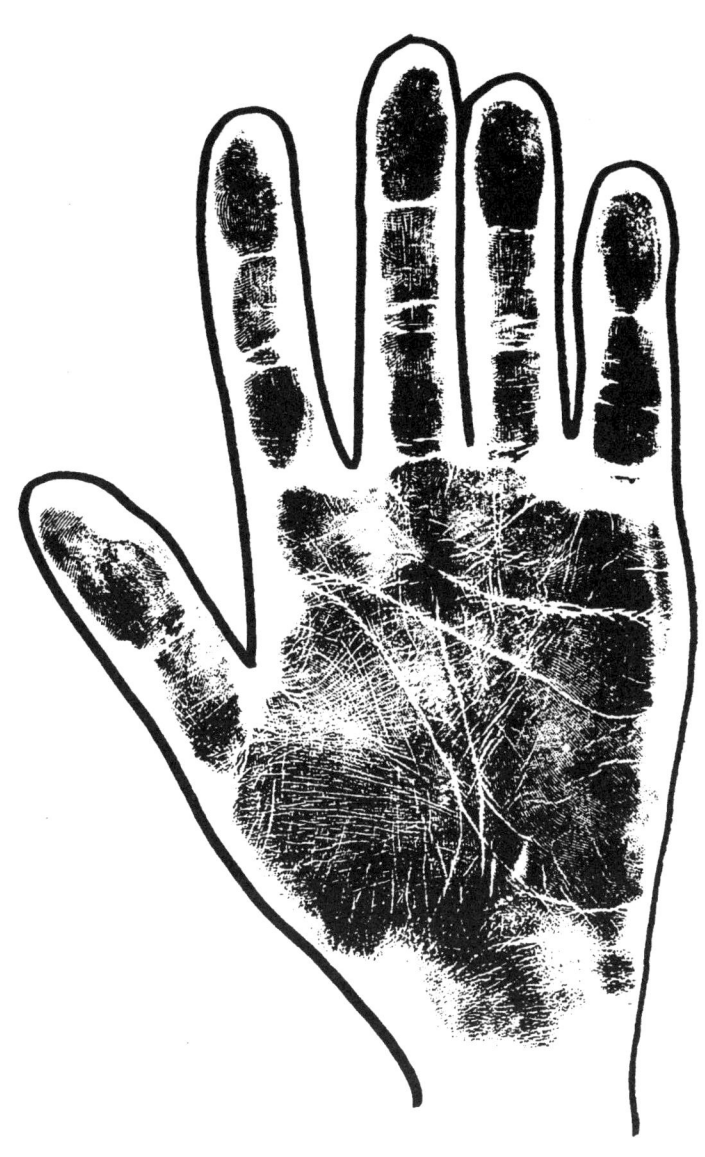

Mittel- und Ringfinger zusammengehalten (Abdruck 9)

Weit auseinandergehaltene Mittel- und Ringfinger (siehe Abdruck 8) weisen auf Einfallsreichtum hin. Erwachsene mit dieser Konstellation benötigen am Tag einige Zeit für sich allein, um ihre Batterien aufzuladen und ihren Geist zu erfrischen. Bei Kindern ist es ein Zeichen von Schüchternheit. Ein ziemlich ungewöhnliches Merkmal.

Wenn Mittel- und Ringfinger zusammengehalten werden (siehe Abdruck 9), zeigt sich darin ein Bedürfnis nach Sicherheit. Für die Besitzer dieser Konstellation sind häuslicher Friede und Harmonie von überragender Bedeutung. Weisen nur die Spitzen der beiden Finger zueinander, kann das einen Loyalitätskonflikt zwischen häuslichen Pflichten und dem Bedürfnis nach persönlichem Erfolg in einer Karriere zum Ausdruck bringen.

Immer wenn der kleine Finger weit von den anderen abgespreizt wird, scheint das Bedürfnis nach körperlicher Unabhängigkeit und persönlicher Freiheit auf. Menschen mit diesem Merkmal fühlen sich sofort eingesperrt, wenn sie körperlich eingeschränkt sind oder auf der psychologischen Ebene das Gefühl haben, ihnen seien die Flügel gestutzt.

Die Fingerbreite

Je breiter die Finger sind, desto stärker ist das darin abgebildete Selbstvertrauen. Menschen mit breiten Fingern sind häufig offen, tolerant, fair, großzügig und hilfsbereit. Sehr dünne Finger können extreme Strenge bedeuten. Sie lassen unter Umständen sogar auf Engstirnigkeit, Zynismus und eine beißend kritische Mentalität schließen.

Die Fingergelenke

Manche Menschen haben sehr glatte Finger, andere haben merklich hervortretende Gelenke. Glattfingerige Menschen sind im allgemeinen von der inspirierten Sorte. Ihre

Ideen kommen und verlassen sie, ohne daß sie sie groß verarbeiten müßten, weshalb man solche Leute inspiriert nennen könnte.

Das Hervortreten der oberen und der unteren Gelenke wird im allgemeinen als »knotige Finger« bezeichnet und ist das Zeichen eines philosophischen Denkstils. Menschen dieser Art brauchen Zeit, um die Dinge zu Ende zu denken, besonders wenn sie damit konfrontiert sind, eine Entscheidung treffen oder ein Problem lösen zu müssen. Erwarten Sie von diesen Leuten nie eine unmittelbare Antwort. Sie brauchen wirklich erst Zeit, um zu reflektieren, abzuwägen und ihre Gedanken zu erforschen, bevor sie ihre Antwort formulieren.

Treten nur die unteren Gelenke hervor, während die oberen glatt sind, zeigt uns das eine Person, die eine reinliche und ordentliche Umgebung für ihr Leben und ihre Arbeit braucht.

Der Daumen

Der Daumen ist eine für den Menschen einzigartige Entwicklung. Er verschafft uns großen Einblick in Charakter und Persönlichkeit. Im Idealfall sollte dieser Finger zusammen mit dem Rest der Hand ein ausgewogenes und harmonisches Bild ergeben. Er repräsentiert Willenskraft und Antrieb, verbunden mit Vernunft und Logik. Ist er im Vergleich zur restlichen Hand zu klein, zu schwach oder zu dünn, dann fehlt es der betreffenden Person an Charakterstärke. Ist er verglichen mit Fingern und Handfläche übergroß, schwer oder knollig, dann haben wir einen Menschen vor uns, der unter Umständen eindringlich, übermäßig dominant und aggressiv ist. Der Daumen besteht wie die Finger aus drei Gliedern. Das oberste verrät die Willenskraft der Person, das mittlere Logik und vernünftiges Denken. Das untere ist mit der Handfläche verschmolzen und bildet den Venusberg.

Die Länge
Die Länge des Daumens sollte sich mit Handteller und Fingern im Gleichgewicht befinden. Als gute Regel kann gelten, daß das Endglied länger sein sollte als jedes Glied eines anderen Fingers.

Kurze Daumen zeigen einen Mangel an Vernunft und logischem Vermögen. Menschen mit diesem Merkmal neigen dazu, aus dem Instinkt heraus zu arbeiten. Unter Umständen haben sie das Gefühl, die Ereignisse ihres Lebens nicht unter Kontrolle zu haben und von der Gunst der vorherrschenden Rahmenbedingungen abhängig zu sein. Das gilt besonders, wenn der Daumen gleichzeitig kurz und schwach ist.

Kurze, dicke Daumen illustrieren fehlende Sensibilität und mögliche Tendenzen zu Grausamkeit. Ein klobiger Daumen ist das Zeichen von Aggression und Rücksichtslosigkeit, das Merkmal des Tyrannen und Despoten.

Ein langer Daumen steht für hervorragende rationale Fähigkeiten. Ist er darüber hinaus noch ästhetisch geformt, dann steht er für Eleganz sowie für Bildung in Denken und Ideen.

Steifheit und Beweglichkeit
Manche Daumen sind steif, andere beweglich, wieder andere sind so agil, daß sie als »doppelgelenkig« bezeichnet werden (siehe Abbildung Seite 63).

Steife Daumen (siehe Abbildung a) werden mit folgenden Eigenschaften in Verbindung gebracht:

- Unbeweglichkeit des Charakters,
- eine reservierte, willensstarke Natur,
- die Neigung, sich nicht in die Karten schauen zu lassen,

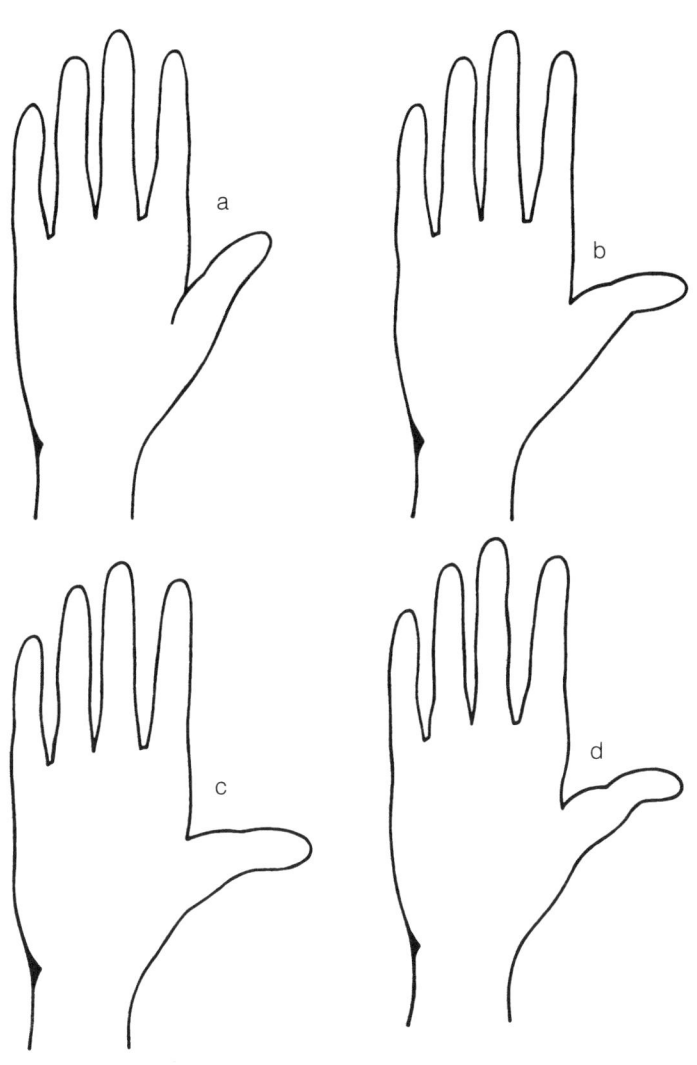

Steife und bewegliche Daumen

- eine verschlossene Persönlichkeit mit jeder Menge Selbstkontrolle,
- eine kühle und klinische Art,
- Verbissenheit, Entschlossenheit und Hartnäckigkeit,
- eine strenge Einstellung.

Bewegliche Daumen (siehe Abbildung b) bedeuten:

- Flexibilität,
- Anpassungsfähigkeit,
- eine unkomplizierte Natur,
- die Fähigkeit, mit der Zeit zu gehen,
- Offenheit,
- Toleranz und Aufgeschlossenheit,
- die Fähigkeit, schnell zu lernen.

Beschränkt sich die Beweglichkeit auf das obere Glied (siehe Abbildung c), so bedeutet das:

- Unbeständigkeit,
- geistige Behendigkeit,
- die Fähigkeit, schnell von einer in eine andere Tätigkeit zu wechseln.

Ein »doppelgelenkiger« Daumen (siehe Abbildung d) besagt:

- Charakterschwäche,
- leichte Ablenkbarkeit,
- leichte Beeinflußbarkeit,
- die Tendenz, vorschnell aufzugeben.

Der Öffnungswinkel

Handanalytiker aus dem Orient behaupten, daß ein Daumen, der sich im rechten Winkel von der Hand abspreizen läßt, die Harmonie von Geist, Körper und Seele zeigt. Im

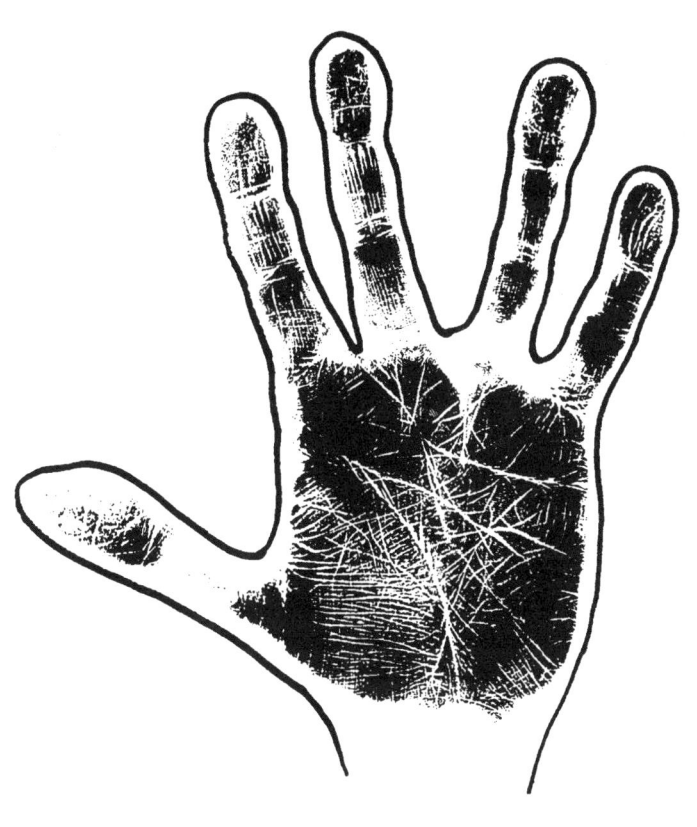

*Öffnungswinkel der Hand
zwischen 45 und 90 Grad (Abdruck 10)*

Normalfall allerdings bildet der Daumen einen Winkel zwischen 45 und 90 Grad zur Handfläche (siehe Abdruck 10). Das bedeutet eine zuversichtliche, unproblematische, sonnige Natur, eine gute Mischung aus Intro- und Extraversion und eine allgemein gut ausgewogene Mentalität.

Ein Winkel über 90 Grad verrät den extravertierten oder exhibitionistischen Menschen. Solche Leute sind nonkonformistisch, oft Abenteuerernaturen und möglicherweise offener als ihnen gut tut. Es fehlt ihnen an Konzentration, und sie lassen sich allzu leicht ablenken. Darüber hinaus ist dies das Zeichen für Extravaganz. Schicken Sie einen solchen Menschen niemals zum Einkaufen mit einem Scheckbuch und ohne festgelegte Einkaufsliste!

Ein Daumen, der einen kleineren Winkel als 45 Grad bildet, zeigt eine eher introvertierte und gehemmte Natur. Das sind hartnäckige Menschen, die in der Lage sind, sich lange Zeit ohne Pause auf eine bestimmte Sache zu konzentrieren. Sie neigen zu Reserviertheit und Verschlossenheit. Je spitzer der Winkel ist, desto angespannter, kontrollierter und beherrschter ist die Person. Engstirnigkeit und Bigotterie werden ebenfalls mit einem spitzen Öffnungswinkel gleichgesetzt.

Gelegentlich bedeutet ein in sehr engem Winkel gehaltener Daumen, daß dieser Mensch eine schwierige Zeit durchmacht. Der Daumen weist auf ein Bedürfnis nach verstärkter Konzentration und großer Selbstkontrolle in einer Zeit hin, in der dieser Mensch seine Reserven aufbietet und die Situation neubewertet. Nachdem diese Probleme gelöst sind, wird der Daumen wieder eine entspanntere Position einnehmen.

Unter Umständen zeigen sich Abweichungen im Öffnungswinkel zwischen der rechten und der linken Hand. Wenn sich bei einem Rechtshänder der rechte Daumen nicht so weit abspreizt wie der linke, illustriert das entweder eine zeitweilige Krise oder zeigt, daß harte Zeiten die-

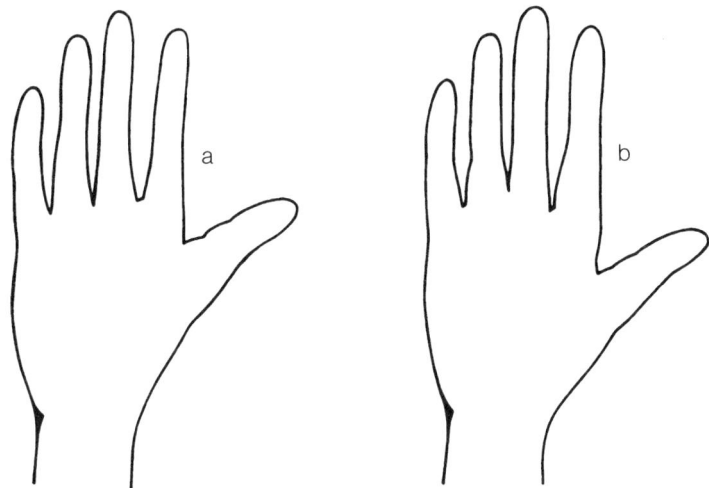

Ansätze des Daumens

sen Menschen gezwungen haben, sich an eine schärfere Kontrolle seiner Person anzupassen bzw. sie sich selbst aufzuerlegen. Wenn der rechte Daumen den weiteren Winkel bildet, weist das darauf hin, daß die Kindheit dieses Menschen sehr restriktiv war – aufgrund von finanziellen Schwierigkeiten, von Krankheit, von engstirnigen Eltern oder was auch immer. Eine solche Person konnte erst im Erwachsenenalter, nachdem sie unabhängig geworden war, ihre eigene Persönlichkeit entwickeln.

Der Ansatz des Daumens
In der Regel scheint ein hoch an der Hand angesetzter Daumen einen sehr viel engeren Winkel mit der Handfläche zu bilden als ein tiefer angesetzter (siehe Abbildung). Deshalb könnte die Annahme berechtigt sein, daß ein hoch angesetzter Daumen (siehe Abbildung a) für eine introvertiertere und zur Introspektion neigendere Persönlichkeit

steht. Je tiefer der Ansatz liegt (siehe Abbildung b), desto extravertierter und aufgeschlossener ist der Mensch.

Das oberste oder Nagelglied
Dieser Abschnitt des Daumens repräsentiert die Willenskraft. Je kürzer dieses Daumenglied, desto weniger Willenskraft ist vorhanden, je länger, desto mehr Entschlossenheit und Willenskraft existiert.

Ist dieser Abschnitt breit, zeigt dies Führungseigenschaften an. Sein Besitzer ist jemand, der sich mit anderen zusammen tüchtig ins Zeug legen kann, ohne dabei jemals seine Kontroll- bzw. Kommandoposition aufzugeben. Wenn der Abschnitt lang und schlank ist, ist das ebenfalls das Zeichen einer Führungspersönlichkeit. In diesem Fall spiegelt es aber eher einen intellektuellen oder akademischen Typ wider. Menschen mit schlanken Endgliedern können das, was sie vom Leben wollen, mit enormer Anmut und großem Charme erreichen. Ein volles und gepolstertes Endglied erzählt uns von einem ausgewogenen Temperament, von einer Sorte Mensch, die stetig und nicht aus der Ruhe zu bringen ist.

Eine eckige Daumenspitze verrät eine praktische, verläßliche und vernünftige Einstellung, Eine konische Spitze ist ein Zeichen für Leute, die zwar elegant an die Dinge herangehen, aber leicht von ihren Zielen und Lebensinhalten abkommen. Der »Töpferdaumen« – also ein spatelförmiges Endglied – zeigt uns den manuell geschickten Handwerker mit sensiblen und schöpferischen Händen. Ist das oberste Glied spitz, weist es auf eine Person mit nervöser Veranlagung und unregelmäßigem Arbeitsstil hin.

Das mittlere Glied
Das ist der Abschnitt, der für Vernunft und Logik zuständig ist. Fällt er im Vergleich zum obersten Glied sehr kurz aus, so sagt uns das, daß die Handlungen dieses Menschen eher

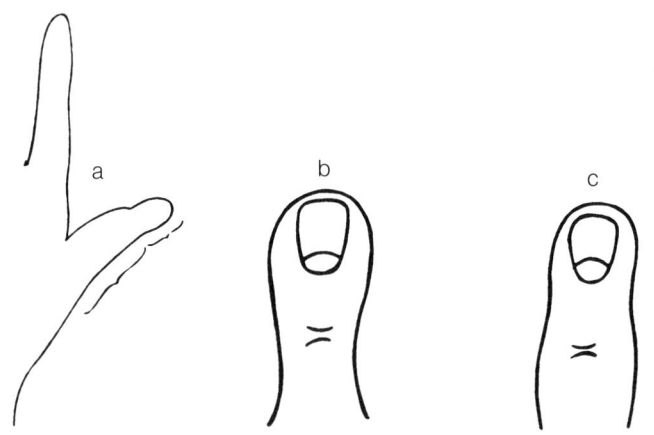

Das mittlere Daumenglied

instinktiv und spontan erfolgen als logisch überlegt. Hat der Abschnitt eine angemessene Länge, dann spiegelt er vernunftbezogenes Handeln wider. Menschen mit diesem Merkmal bewundern verbale Ausdrucksfähigkeit und Rethorik. Sie sind es, die Diskussionen und Debatten so lieben, daß sie oft bis in die Morgenstunden aufbleiben und reden.

Übertrifft das mittlere Glied das obere erheblich an Länge (siehe Abbildung a), dann berichtet es uns von Personen, die mehr denken als handeln. Diese Menschen rationalisieren zu viel, sie analysieren alles, arbeiten jedes Für und Wider heraus, und das so sehr, daß sie bereits müde sind, bevor sie auch nur eine ihrer guten Ideen in die Tat umgesetzt haben. Ein Zuviel an Logik und nicht genug Entschlossenheit kennzeichnen diese Konstellation. Diese Menschen haben Schwierigkeiten, ihre eigenen Wünsche zu erkennen.

Wenn das mittlere Glied eine Engstelle wie eine Sanduhr aufweist (siehe Abbildung b), dann ist das das Zeichen des jederzeit diskreten Taktikers, der mit anderen diplomatisch umzugehen weiß. Übermäßige Dicke (Abbildung c) hingegen weist auf eine ungeschliffene Person, die direkt auf den Punkt zusteuert. Sie neigt dazu, Takt als schlichtes Ausweichen einzustufen und eine beredte Sprache als maskierte Entscheidungsschwäche.

Die drei Gelenke des Daumens
Wenn das oberste Gelenk des Daumens merklich hervortritt, bedeutet das Sturheit bis hin zu extremem Starrsinn (siehe Abbildung Seite 71a). Ein ausgeprägtes Basisgelenk (siehe Abbildung b) trägt den Namen »Gelenk der geschickten Hand«. Es verrät bewegliche Finger und findet sich ausnahmslos bei Menschen, die gute Hand- oder Heimwerker sind, die Musikinstrumente spielen oder irgend etwas tun, für das sie geschickte Finger benötigen.
Wenn die Hand in ein scharfes, gut abgegrenztes Gelenk am Handgelenk ausläuft, bezeichnet man das als Rhythmusgelenk (Abbildung c). Dieses Merkmal findet sich an den Händen musischer Menschen, die oft auch ein Instrument spielen. Außerdem verrät es ein ausgeprägtes Gefühl für zeitliche Abstimmung, wie es gute Sportler und Schauspieler besitzen. Es kann aber auch einfach einen strengen Sinn für Pünktlichkeit widerspiegeln.

Die Nägel

Die Form der Nägel (siehe Abbildung Seite 72) ist eine reichhaltige Quelle der Information über Charakter und Verhalten eines Individuums.

- Große, eckige Nägel verraten eine ruhige Natur, jemanden, der nur schwer in Wut gerät.
- Kleinere eckige Nägel lassen eine zynische und kritische Lebenseinstellung vermuten.

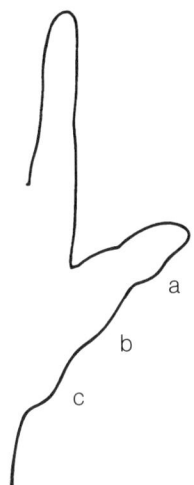

Die drei Gelenke des Daumens

- Nägel, die breiter sind als hoch, verraten ein sehr hitziges Temperament. (Es kann sein, daß es sich nur langsam zeigt, aber dann wird es mit vulkanischer Gewalt explodieren! Diesen Nageltyp findet man in der Regel nur am Daumen.)
- Lange, haselnußförmige Nagel sind Zeichen eines ausgeglichenen Gemüts und einer gutmütigen Natur.
- Kurze, gerundete Nägel weisen oft auf gewandte intuitive Fähigkeiten hin.
- Mandelförmige Nägel spiegeln eine sanfte, unbeschwerte Natur wider. Solche Menschen sind meistens kultiviert und haben eine sensible Veranlagung.
- Fächerförmige Nägel sind das Zeichen einer nervösen, angespannten Person.

Die Nagelmonde

Die Größe der Nagelmonde enthüllt gesundheitliche Aspekte der betreffenden Person.

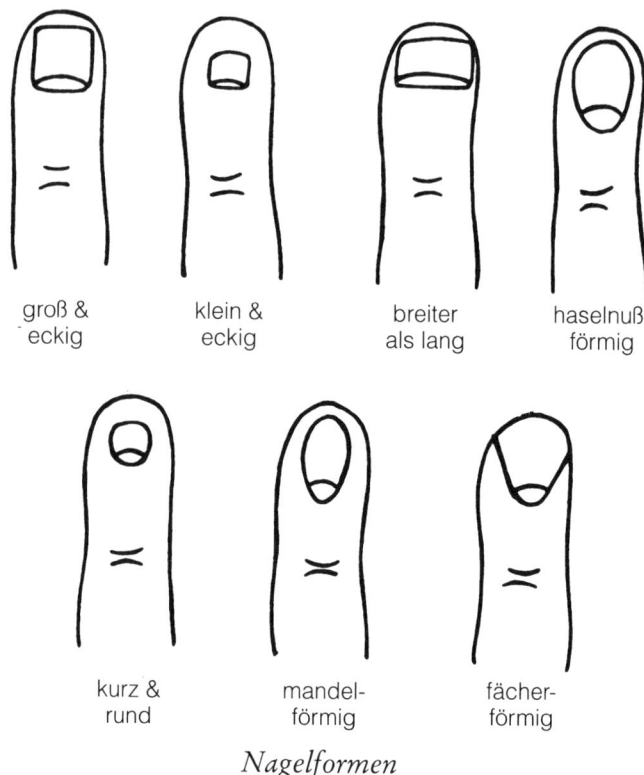

Nagelformen

- Große Monde werden mit einem starken Herzen und einem guten Kreislauf gleichgesetzt.
- Kleine, gerade Monde zeichnen ein Bild umfassender guter Gesundheit.
- Fehlende Monde sind ein Zeichen für einen schlechten Kreislauf.

FINGERABDRÜCKE

Unsere Fingerabdrücke sind unsere allerpersönlichste Signatur, denn sie sind hunderprozentig einzigartig. Es gibt keine zwei Abdrücke, die völlig identisch sind, nicht einmal in den Händen eineiiger Zwillinge. Anders als andere Merkmale der Hand ändern unsere Fingerabdrücke ihr Muster während des ganzen Lebens nicht. Sie sind unsere individuellen Kennzeichen.

Diese Muster finden sich auch auf den Handflächen und auf den Sohlen unserer Füße. An den Händen werden sie palmare Muster genannt, an den Sohlen plantare Muster. Der englische Name für das Studium der Fingerabdrücke ist »Dermatoglyphics« (der deutsche Fachausdruck dafür ist Daktyloskopie, A.d.Ü.). Der englische Begriff leitet sich aus zwei griechischen Worten ab: »Derma«, was Haut bedeutet, und »Glyphe«, das heißt »etwas Eingemeißeltes« oder »Eingeritztes«. Übersetzt bedeutet »Dermatoglyphics« also das Studium der Einritzungen auf der Haut: die kleinen Furchen oder Rillen, aus denen sich die vertrauten Mustern auf unseren Händen und Füßen zusammensetzen.

Die Ursprünge

Anfang des neunzehnten Jahrhunderts identifizierte Dr. Jan Evangelista, ein junger tschechischer Arzt, bei seiner Arbeit über die in Spiralen angeordneten Schweißdrüsen in der Hand zum ersten Mal Muster auf der Haut. Neues Interesse an dem Fach, das wir heutzutage als Daktyloskopie bezeichnen, kam auf, als gegen Ende dieses Jahrhunderts weitere Entdeckungen gemacht wurden. In der zweiten Hälfte des neunzehnten Jahrhunderts kam aus Japan die Nachricht, daß der Missionsarzt Dr. Henry Faulds Bruchstücke alter Keramiken ausgegraben hatte. Sie wiesen Daumenabdrücke auf, die der Grundfläche jedes Gefäßes eingeprägt worden waren. Faulds zog die durchaus zutreffende Schlußfolgerung, daß die Abdrücke als Signatur des Töpfers benutzt worden waren, was ganz klar bedeutete, daß der Daumenabdruck eines jeden Individuums einzigartig ist. Diese Schlußfolgerung wurde von einem Kommissar der indischen Polizei unterstützt. Er berichtete, daß analphabetische Inder ihre Daumenabdrücke als persönliche Unterschrift unter offizielle Dokumente zu setzen pflegten.

Der Engländer Francis Galton, der von diesen Entdeckungen gehört hatte, wurde zum wahren Pionier des Nehmens von Fingerabdrücken, wie wir es heute kennen. Sein ganzes Leben lang sammelte und ordnete er Tausende von Abdrücken und bewies die Einzigartigkeit und Individualität der Muster auf der Haut. Durch seine Arbeit wurde die Technik des Abnehmens von Fingerabdrücken weltweit anerkannt und in der Kriminalistik zur Forschung und Identifizierung benutzt.

Heute erkennen moderne Handanalytiker nicht nur die unterschiedlichen Muster, sondern haben ihnen mit Hilfe von Beobachtung und Deduktion auch Charakter- und Persönlichkeitszüge zugeordnet. Im Augenblick werden auch im medizinischen Bereich spannende neue Forschungen betrieben. Es werden Zusammenhänge hergestellt zwischen bestimmten Hautmustern und angeborenen oder ererbten Krankheiten wie dem Down-Syndrom, hohem Blutdruck oder einer Neigung zu Herzkrankheiten. Diese Forschungsrichtung nimmt an, daß sich jede angeborene Abnormität der Chromosomen im genetischen

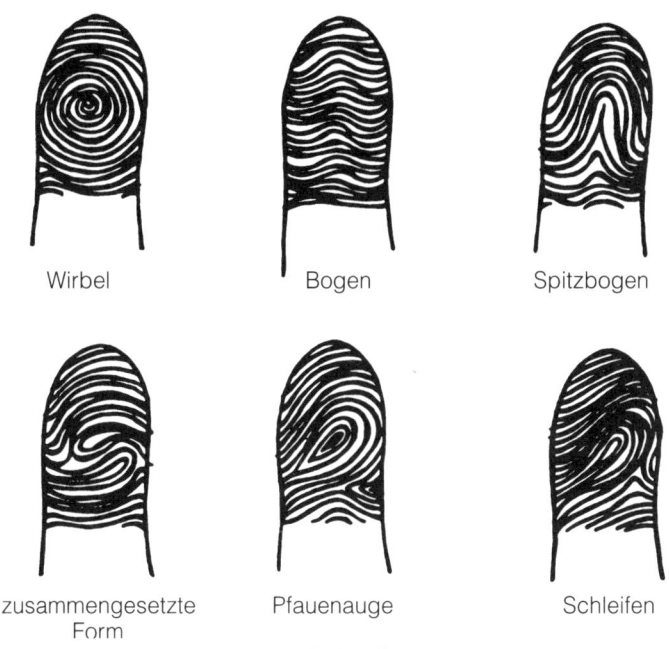

Fingerabdruckmuster

Bauplan des Individuums ungefähr während des dritten Monats der fötalen Entwicklung in Form spezifischer Zeichnungen in die Muster der Haut einprägt.

Die Fingerabdrücke

Bei den Fingerabdrücken gibt es drei Grundkategorien: die Schleife, den Wirbel und den Bogen. Diese drei sind weiter unterteilt (siehe Abbildung) und bilden verschiedene andere Variationen oder Konfigurationen, so daß sechs oder sieben identifizierbare Typen von Abdruckmustern zusammenkommen.

Manche Menschen haben ein bestimmtes Muster auf allen zehn Fingern. Andere haben vielleicht ein Muster auf der einen und ein ganz anderes Muster auf der anderen Hand. Wieder andere können eine Kombination verschiedener Muster haben, sagen wir, ein paar Bögen und ansonsten Schleifen. In solchen Fällen muß jedes Muster in seiner Beziehung zum jeweiligen Finger interpretiert werden.

Schleifen
- Flexibilität,
- Anpassungsfähigkeit,
- eine Liebe zu Kommunikation und neuen Ideen,
- eine Abneigung gegen Routine,
- das Bedürfnis nach einem äußerst lebendigen beruflichen und häuslichen Leben,
- vielseitige Interessen,
- ausgezeichnete Fähigkeiten zur Teamarbeit.

Eine Schleife auf einem bestimmten Finger steht für eine flexible und lockere Einstellung auf den Gebieten, die durch den Finger repräsentiert werden.

Wirbel
Folgende Schlüsseleigenschaften werden mit Wirbeln gleichgesetzt:

- fehlende Flexibilität,
- das Bedürfnis nach Befehlsgewalt und Kontrolle,
- tiefschürfendes Denken,
- dogmatische Einstellungen,
- eine Neigung zu unabhängiger Arbeit
- ein schöpferischer Denkstil,
- Langsamkeit bei Entschlüssen und Antworten,
- braucht Zeit, um Informationen abzuwägen, zu reflektieren und zu verarbeiten.

Am Zeigefinger zeigt der Wirbel, daß seine Besitzer es vorziehen, das Kommando zu haben. Sie hassen es, wenn andere ihnen ständig über die Schulter sehen und ihnen erzählen, was sie zu tun haben.

Ein Wirbel am Ringfinger ist ein Zeichen für künstlerisches oder schöpferisches Potential.

Ein Wirbel am kleinen Finger zeigt uns die ruhigen, zurückgezogenen Typen. Sie sind keine leeren Schwätzer und sprechen lieber über Dinge, die sie kennen und gut verstehen. Wenn sie sich aber erst einmal auf ihr Lieblingsthema eingelassen haben, dann sind sie kaum noch zu bremsen!

Am Daumen steht ein Wirbel besonders für langsame Menschen, die an ihren Ideen hängen und denen es besonders schwer fällt, ihre Einstellungen und Ansichten zu ändern. Auf einem starken Daumen verrät dieses Muster einen Menschen, der gern der Boss ist.

Bögen

Bögen sind verbunden mit:

- einer praktischen Ader,
- einer nüchternen Mentalität,
- einem »Wir sind das Salz der Erde«-Charakter,
- Verläßlichkeit,
- Vertrauenswürdigkeit,
- einer Menge gesundem Menschenverstand,
- Problemen, die eigenen Gefühle in Worte zu fassen;
- konkreten, materiellen Alltagsdingen als bevorzugtem Gesprächsgegenstand.

Bögen auf Zeige- und Mittelfinger beleuchten die Unfähigkeit, Gefühlen verbalen Ausdruck zu verleihen. Solche Menschen müssen ein praktisches Ventil für ihren Selbstausdruck finden – Malen, Töpfern, Schreiben, Stricken,

Nähen und so weiter. Andernfalls können sie Gefahr laufen, ihre Gefühle völlig zu unterdrücken. Personen mit Bögen an den Daumen stehen mit beiden Beinen fest auf der Erde. Sie verstehen es ausgezeichnet, brauchbare und praktikable Ratschläge zu erteilen.

Finden sich auf allen Fingern Bögen, ist eine gründliche Untersuchung sinnvoll, weil das in manchen Fällen ein Zeichen für Probleme im Bereich der Chromosomen ist.

Spitzbögen

Spitzbögen findet man normalerweise nur auf dem Zeigefinger. Sie werden gleichgesetzt mit:

- Zielbewußtsein,
- einem Bedürfnis nach einem Antrieb oder einer Herausforderung im Leben,
- einem von Begeisterungsschüben geprägten Arbeitsstil,
- plötzlichen Leidenschaften,
- der Tendenz, Kulten, Religionen oder Ideologien anzuhängen;
- der Suche nach Wahrheit.

Die zusammengesetzte Form

Die zusammengesetzte Form sieht aus wie zwei gegenläufige Schleifen, ähnlich dem Symbol von Yin und Yang. Menschen mit diesem Muster werden folgende Eigenschaften zugeschrieben:

- die Fähigkeit, alle Seiten eines Problems zu sehen;
- die Neigung, zuviel Zeit mit dem Abwägen von Für und Wider zu verbringen;
- Unentschlossenheit,
- Streitlust,
- Skepsis.

Die zusammengesetzte Form findet sich üblicherweise nur auf Zeigefinger und Daumen. Hier ist sie ein gutes Zeichen für Richter, Anwälte, Berater oder jeden anderen, der die Anschauungen anderer Menschen verstehen oder würdigen muß. Dieses Muster kann aber auch widerstreitende Triebe, Verwirrung und Schwierigkeiten bedeuten. Sie treten auf, wenn wichtige Entscheidungen anstehen, die sich auf das persönliche Leben dieser Menschen auswirken können.

Das Pfauenauge
Dieses Muster besteht aus einem Wirbel innerhalb einer Schleife und sieht, wie der Name schon nahelegt, wie das »Auge« auf der Schwanzfeder eines Pfaus aus. In der Regel ist es nur am Ring- oder am kleinen Finger zu finden. Menschen mit diesem Zeichen sind gesegnet mit:

- Schutz,
- Glück,
- der Erfahrung, glücklich aus ungerechten oder gefährlichen Situationen hervorzugehen.

Palmare Muster

Auch an anderen Stellen der Hand können ähnliche Muster wie auf den Fingerspitzen auftreten. Schleifen finden sich auf der Handfläche zwischen den Fingern. Andere Muster kann man manchmal auf dem Venusberg entdecken (Abbildung Seite 80). Auf dem Mondberg können die Muster viele Formen annehmen und in verschiedenen Richtungen über den ganzen Bereich verteilt liegen.

- Eine Schleife zwischen Daumen und Zeigefinger steht für einen mutigen Geist.

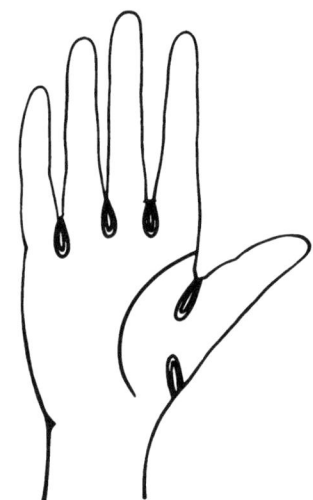

Schleifen auf der Handfläche

- Eine Schleife zwischen Zeige- und Mittelfinger zeigt Fähigkeiten auf dem Gebiet der Verwaltung. Dieses Zeichen ist oft bei Beamten zu beobachten.
- Eine Schleife zwischen Mittel- und Ringfinger weist auf ein Gefühl des Berufenseins hin. Menschen mit diesem Zeichen haben ein fundamentales Bedürfnis, für die Allgemeinheit und das Wohl anderer Menschen zu arbeiten.
- Eine Schleife zwischen Ringfinger und kleinem Finger weist auf einen ziemlich trockenen und bizarren Sinn für Humor hin.
- Zeichen auf dem Venusberg stehen für musische Talente.
- Der Mondberg ist ein Bereich, der unter Umständen reich an Schleifen, Wirbeln und zusammengesetzten Formen ist (siehe Abbildung Seite 81).

Eine Schleife, die diesen Berg quert (Abbildung a), bedeutet Liebe zur Natur und ein Verständnis für bzw. eine enge Beziehung zur Tier- und/oder Pflanzenwelt.

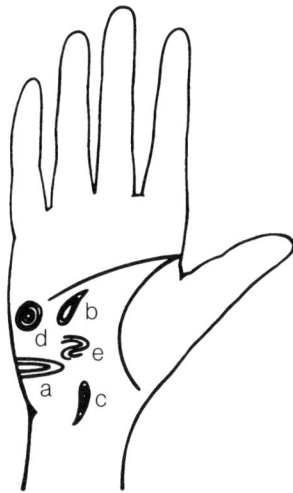

Palmare Muster auf dem Mondberg

Eine gekurvte Schleife unterhalb der Kopflinie (Abbildung b) verrät eine Beziehung zum Wasser. Ausnahmslos findet man hier irgendeine Art der Verbindung zu Fluß oder Meer, sei es der Wohnort, seien es sportliche Interessen oder einfach nur, daß sich die Person zum Wasser hingezogen fühlt und von ihm gestärkt, erfrischt, inspiriert oder beruhigt wird.

Eine vom Handgelenk aus ansteigende Schleife (Abbildung c) ist das Zeichen der Inspiration, diesem feinen und ätherischen Stoff, mit dem Dichter und Maler gesegnet sind.

Ein Wirbel (Abbildung d) in diesem Bereich läßt eine besondere Gabe vermuten. Manchmal fühlen Menschen mit diesem Merkmal eine große Sehnsucht danach, Erfüllung in schöpferischer Tätigkeit oder im Dienst für die Menschheit zu finden.

Eine zusammengesetzte Form (Abbildung e) in diesem Bereich weist auf Unsicherheit oder Unentschlossenheit bezüglich der eigenen Gaben und Talente hin.

Die grossen Linien

Ein Blick in die winzigen Hände eines neugeborenen Babys zeigt, daß die Linien bereits bei der Geburt deutlich auf der Handfläche sichtbar sind. Da die großen Handlinien beim Embryo ungefähr im dritten Monat der intrauterinen Entwicklung ausgeformt werden, bringt jedes Baby schon zum Zeitpunkt seiner Geburt einen einzigartigen Satz von Zeichen mit.

Von diesem Moment an während des gesamten folgenden Lebens können sich die Linien verändern und tun das auch, je nachdem, welche Erfahrungen, Entscheidungen, Veränderungen in der Lebensweise, gesundheitliche Störungen oder was auch immer die Selbst- und die Außenwahrnehmung der betreffenden Person verändern. Neue Linien können hinzukommen, und die alten können gestärkt oder geschwächt, verlängert oder beeinträchtigt werden. In manchen Extremfällen verschwinden einzelne Linien sogar ganz.

Jede Linie repräsentiert einen bestimmten Aspekt des individuellen Lebens. Die Qualität, das Erscheinungsbild und der Aufbau der Linie geben Hinweise auf den Charakter ihres Eigentümers und auf die Ereignisse, die wahrscheinlich im Laufe seines Lebens eintreten werden. Die vier wichtigsten Falten in der Hand, die diese Aspekte widerspiegeln, werden als Kopf-, Lebens-, Herz-, und Schicksalslinie bezeichnet (siehe Abbildung Seite 83). Die Abbildung auf Seite 84 illustriert die verschiedenen Zeichnungen, die man auf oder über diesen Linien entdecken kann.

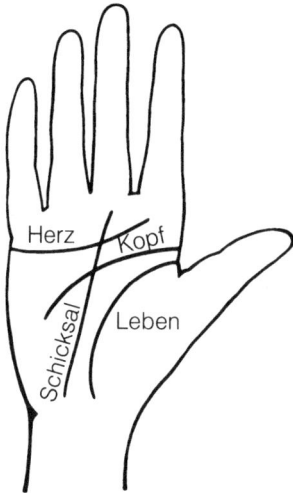

Die großen Linien

Die Kopflinie

Die Kopflinie repräsentiert:

- unser intellektuelles Potential,
- unsere geistige Einstellung,
- unsere Lebenseinstellung.

Eine gute, starke Kopflinie birgt in sich die Kraft, fast alle anderen körperlichen, psychologischen oder emotionalen Probleme überwinden zu können, die möglicherweise anderswo auf der Hand zu sehen sind.

Die Position

Die Linie beginnt am Rand der Hand direkt über dem Daumen und erstreckt sich quer über die Handfläche. Sie ist die zweite diagonale Linie in der Hand.

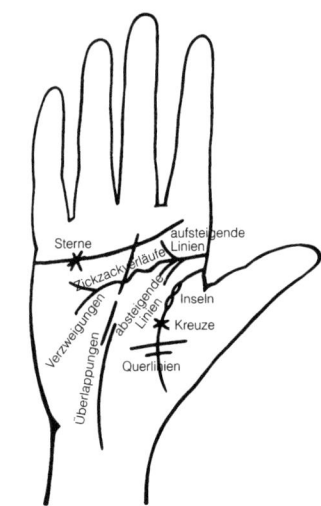

Die typischen Zeichen auf der Handfläche

Die Qualität

Eine Kopflinie gilt als stark, wenn sie klar, ohne Brüche und deutlich konturiert ist. Menschen mit einer solchen Linie sind willensstarke, positive und offene Individuen, denen es leicht fällt, Entscheidungen zu treffen. Sie sind entschlossen, klarsichtig und intellektuell unabhängig.

Ist die Linie jedoch kraftlos, durchbrochen, gekettet oder mit Inseln durchsetzt (siehe Abbildung Seite 85), dann gilt sie als schwach. Die Besitzer einer solchen Linie erleben es als besonders schwierig, Entscheidungen treffen zu müssen. Unter Umständen sind sie von Sorgen und Ängsten verschiedener Art belastet, und manchmal kann es ihnen an Konzentration und klarem Denkvermögen fehlen.

Es gibt Kopflinien, die an manchen Stellen stark und an anderen schwach sind. Linien dieser Art verraten uns Phasen geistiger Aufgewecktheit und Aktivität, die von Peri-

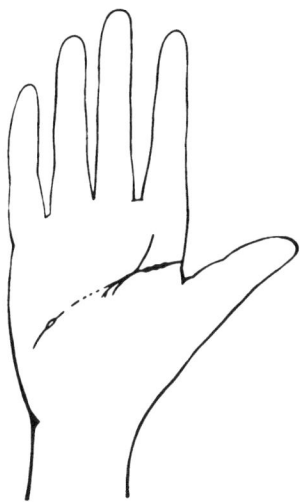

Eine schwache Kopflinie

oden der Unschlüssigkeit und des vernebelten Denkens durchsetzt sind.

Die Richtung

Die Kopflinie existiert in zwei Grundtypen: Entweder erstreckt sie sich in einer geraden Linie über die Handfläche, oder sie ist gekrümmt.

Eine gerade Kopflinie (siehe Abbildung Seite 86 a) zeigt uns eine praktische, pragmatische Mentalität und einen konvergenten Denker. Menschen dieser Art haben eine ziemlich materialistische Einstellung. Ihr Zugang zum Leben ist in der Regel rational, konkret und bodenständig. Wenn sie wissenschaftlich veranlagt sind, bevorzugen sie naturwissenschaftliche oder technische Fächer. Auch der kommerzielle Sektor liegt ihnen.

Eine Kopflinie, die eine sanft abwärts geneigte Kurve bildet (siehe Abbildung Seite 86 b), verrät die eher schöpferisch und künstlerisch gesinnte Persönlichkeit, den divergenten Denker. Solche Menschen findet man in den Humanwissenschaften. Alles, was mit Kommunikation, Sprachen, Gestaltung, Kunst, Handwerk und dem Umgang mit anderen Menschen zu tun hat, paßt zu ihnen.

Eine Kopflinie, die zum Teil gerade und zum Teil kurvig verläuft, steht für eine Kombination aus praktischer und kreativer Mentalität. Diese Menschen fühlen sich sowohl in den Geistes- als auch in den Naturwissenschaften wohl und finden es deshalb schwierig, zu entscheiden, welchem von beiden Bereichen sie den Vorzug geben sollen. Der beste Rat für die Besitzer einer kombinierten Linie ist, sich gedanklich eher den angewandten Fächern zuzuwenden, den »weicheren« Wissenschaften oder Gebieten, die strukturelle Momente mit einem Flair von Kreativität verbinden. Wenn sie sich einem naturwissenschaftlichen oder einem durch und durch praktischen Beruf verschrieben haben, sollten sie versuchen, einige schöpferische Hobbies zu pflegen. Andererseits sollten

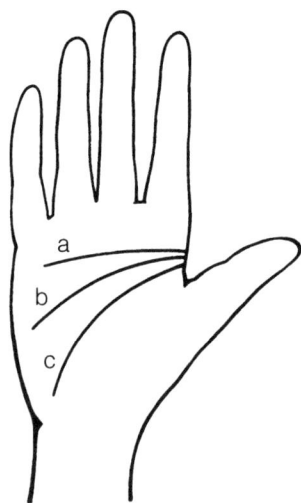

Richtung der Kopflinie

diejenigen, die eine ausschließlich künstlerische Beschäftigung ausüben, über eine mehr praktisch orientierte Freizeitbeschäftigung nachdenken, um so ihre Interessen im Gleichgewicht zu halten.

Eine in einer steilen Kurve verlaufende Linie, die tief im Mondberg endet (siehe Abbildung Seite 86 c) verrät uns eine erstaunliche Phantasie, die, wenn ihr keine Grenzen gezogen werden, zu Melancholie und Depression führen kann. In extremen Fällen zeigen solche Menschen eine derartige Kreativität, daß sie zeitweilig in die Gefahr geraten, die schmale Linie zwischen Genie und Wahnsinn zu berühren. Mit Sicherheit gehören sie zu den Personen, deren Stimmungslagen so leicht auf und ab pendeln, daß sie im klinischen Sinne manisch-depressiv werden können. In der Regel neigen sie dazu, in Schüben zu arbeiten: im einen Moment mit großer Begeisterung, im nächsten Moment haben sie die Nase voll. Der beste Rat für sie: Sie müssen versuchen, ihre Energie zu zügeln und ihre Stimmungen so zu kanalisieren, daß sie schöpferisch fruchtbar werden. Das ist der einzige Weg, auf dem ihre reiche Phantasie und ihre künstlerischen Talente sich entwickeln und aufblühen können.

Die Vier-Finger-Furche
Die Vier-Finger-Furche (siehe Abdruck 11) ist in einer normalen Hand ein sehr ungewöhnliches Merkmal. Sie wird dadurch gebildet, daß Kopf- und Herzlinie zu einer einzigen Linie verschmolzen sind, die quer über die Handfläche von einem Rand zum anderen reicht. Die Vier-Finger-Furche ist zwar eines der deutlichsten Kennzeichen für das Down-Syndrom, sie tritt aber auch in etwa sechs Prozent der normalen Hände auf.

Diese Linie ist das Zeichen für Intensität. Menschen mit einer Vier-Finger-Furche wissen sich zu konzentrieren und ihr Denken zu kanalisieren, so daß sie oft als fanatisch beschrieben werden. Sie neigen dazu, alle Aspekte ihres Lebens in Segmente einzuteilen. Wenn sie sich beispielsweise auf ihre Arbeit konzentrieren, können sie nur an das denken, womit sie sich gerade beschäftigen. Widmen sie sich einem Hobby, dann schalten sie alles andere aus und bündeln ihre Aufmerksamkeit ausschließlich darauf. Es ist fast so, als könnten sie die Rolläden herunterziehen, um sich in diesem Moment ausschließlich dieser besonderen Aufgabe hinzugeben.

Im Bereich der Gefühle kann diese Intensität als Eifersucht zutage treten. Da sie sich den von ihnen geliebten Menschen total hingeben, glauben sie, erwarten zu können, daß ihnen diese Liebe unter Ausschluß von allem und jedem erwidert wird. Wenn die Ausläufer von Herz- und Kopflinie, statt eine einzige Linie zu bilden, seitlich von der Vier-Finger-Furche abgehen, wird die Intensität abgemildert, und die Eifersucht verliert an Schärfe, wenn Alter und Erfahrung anwachsen.

Die Länge

Die Länge der Kopflinie kann einige sehr wichtige Einblicke in die Stärken und das intellektuelle Potential der Person geben.

Eine kurze Linie, die unter dem Mittelfinger endet, verrät eine eher materialistische und weltliche Einstellung. Menschen mit einer solchen Linie scheint es mehr um materielle Sicherheit zu gehen als anderen. Ihre Gesprächsthemen ranken sich im allgemeinen um Konkretes. Lieber als über abstrakte Konzepte reden sie über Autos, Urlaub, Häuser, Kleider, Geld und so weiter.

Eine lange Kopflinie, die über den Ringfinger hinausreicht, steht für eine scharfe Intelligenz und eine Befähigung zu abstraktem Denken – allerdings nur, solange sie gut geformt ist. Eine Linie dieser Art verspricht erfolgreiche intellektuelle Fähigkeiten.

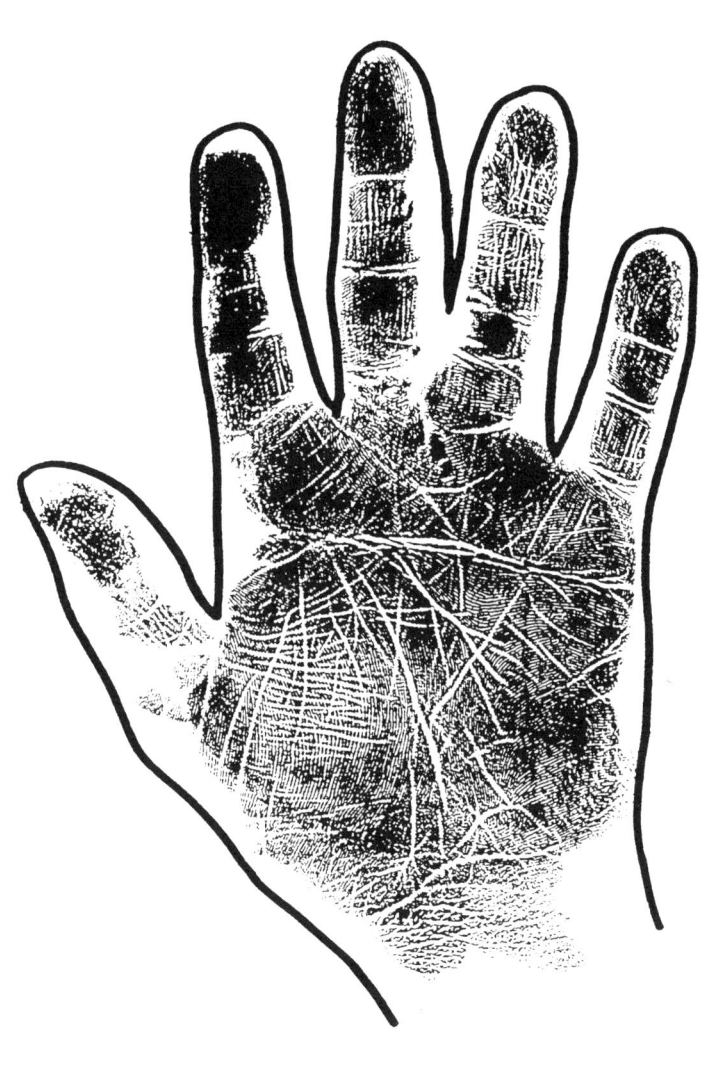

Die Vier-Finger-Furche (Abdruck 11)

Der Verlauf
Im nächsten Abschnitt werden wir die Linie in ihrem Verlauf einer detaillierten Prüfung unterziehen. So erhalten wir eine erstaunliche Menge an psychologischen Einzelheiten und Einsichten in den Charakter der Person und die Ereignisse, die ihr Leben begleiten.

Die Anfänge
Wenn die Kopflinie an ihrem Beginn mit der Lebenslinie verschmolzen ist (siehe Abbildung a), enthüllt uns das eine behutsame, vorsichtige Natur. Häufig ist dies auch ein Zeichen für eine enge Bindung der Person an elterliche Einflüsse und die frühe Umgebung. Bleiben die Linien über eine beträchtliche Strecke zusammen (siehe Abbildung b) und trennen sich erst unter dem Mittelfinger, so heißt das, daß dieser Mensch ein Spätentwickler ist, der unter Umständen erst viel später als andere wirklich unabhängig wird.

Die Kopflinie kann auch innerhalb des von der Lebenslinie umgrenzten Venusbergs beginnen (siehe Abbildung c). Das ist das Zeichen eines unsicheren und befangenen Menschen, dem es möglicherweise auch an Selbstbewußtsein fehlt. Als Folge davon kann dieser Typ im Laufe seines Lebens eine aggressive Abwehrhaltung entwickeln.

Eine gute Mischung aus Vorsicht und Impulsivität zeigt sich in einer Hand, in der sich die beiden Linien schon sehr früh trennen oder in der zwischen ihnen ein kleiner Abstand erkennbar ist (siehe Abbildung d). Das ist auch ein Signal für Selbstvertrauen.

Zwei weit voneinander entfernte Linien ordnen das Individuum der abenteuerlichen, unbekümmerten und impulsiven Sorte zu. Menschen mit einem solchen Merkmal besitzen eine extreme Unabhängigkeit, die sich bereits in zartem Alter zeigt: Die Jungen sind Draufgänger und die Mädchen Wildkatzen. »Jetzt leben, später zahlen«, scheint ihre Devise zu sein.

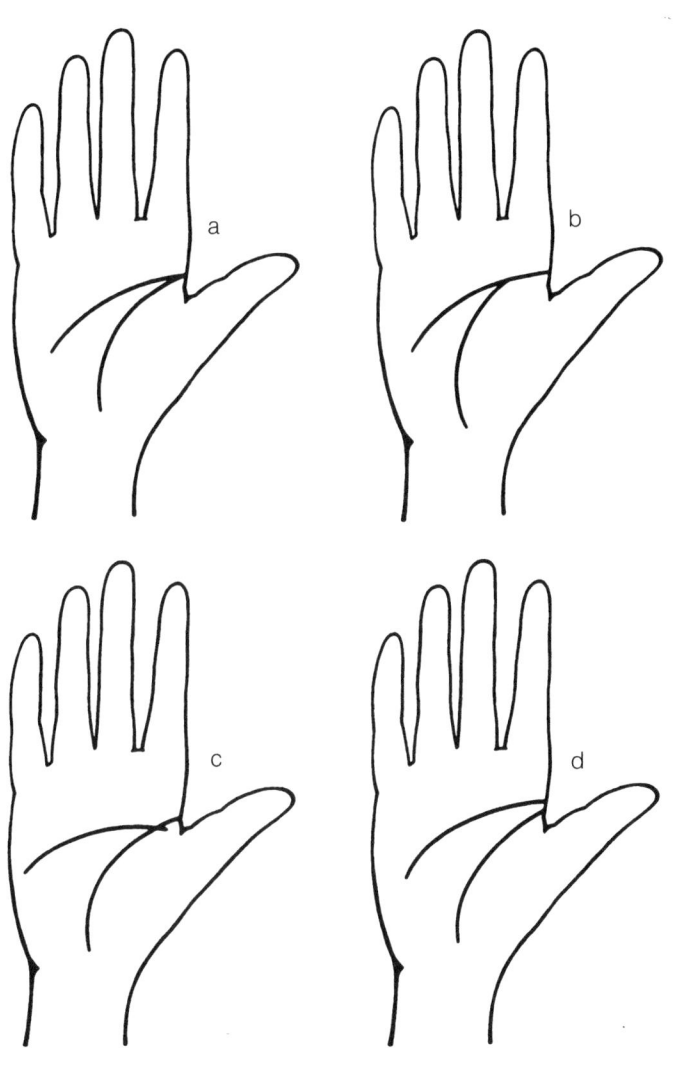

Anfänge der Kopflinie

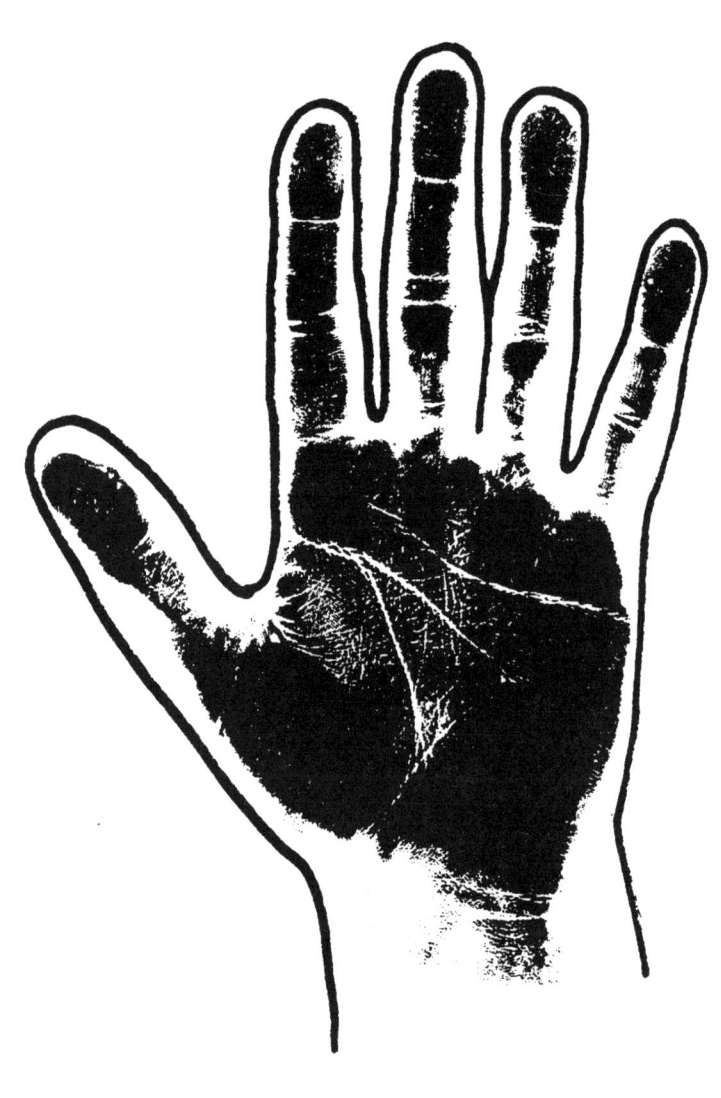

Geketteter Anfang der Kopflinie (Abdruck 12)

Je weiter oben auf der Handfläche und je näher an den Fingern die Kopflinie beginnt, desto mehr ist die Natur dieser Menschen von Ehrgeiz bestimmt. Sie sind Kopftypen, hochgradig erfolgsmotiviert und mit jeder Menge Antrieb für das Erreichen ihrer Lebensziele und -erwartungen ausgestattet. Im allgemeinen lassen sie ihre Emotionen ihrer Rationalität nicht in die Quere kommen. Sie gehören zu denen, bei denen der Kopf das Herz regiert.

Wenn die Kopflinie an ihrem Beginn auf komplizierte Weise mit der Lebenslinie verknüpft oder gekettet bzw. von Inseln durchsetzt ist (siehe Abdruck 12), paßt vermutlich eine der folgenden Interpretationen: Die Linie könnte bedeuten, daß ihr Besitzer als Kind ziemlich stark an bronchialen oder Atemwegsproblemen litt. Es könnte aber auch sein, daß er frühe Sorgen und Ängste durchgemacht hat, vielleicht weil er sich nicht im Einklang mit seinen Eltern oder der Umwelt seiner Kindheit fühlte. Mit Hilfe anderer Aspekte der Hand läßt sich entscheiden, welche der Alternativen zutrifft.

Der Punkt der Trennung

Eine sorgfältige Prüfung des Punktes, an dem die beiden Linien sich trennen, beleuchtet den Reifeprozeß und zeigt, auf welche Weise der Mensch seine Unabhängigkeit erlangt.

Wenn die bis dahin gebundene Kopflinie sich schon in der Nähe ihres Beginns von der Lebenslinie abhebt und trennt, dann wurde die Umwelt der Kindheit äußerlich verlassen. Das könnte beispielsweise durch ein erfolgreiches Studium geschehen sein. Befinden sich am Trennungspunkt Inseln oder Kreuze, dann läßt das auf eine Trennung mit traumatischem Charakter schließen. Vielleicht haben sich dem Wunsch des betreffenden Menschen nach Unabhängigkeit und Freiheit Störungen oder Widerstände in den Weg gestellt.

Wenn eine saubere und exakte Trennung der beiden Linien vorliegt, ist der Übergang von der Kindheit zu Unabhängigkeit und Reife leicht, harmonisch und ohne größere Umwälzungen verlaufen.

Die erste Hälfte der Kopflinie
Der Verlauf der Linie unter dem Zeigefinger spiegelt die ersten Lebensjahre, von der Geburt bis ungefähr zum Alter von zwanzig Jahren wider. Hier sieht man die Entwicklungsjahre, die elterlichen Einflüsse, den Erziehungs- und den Reifeprozeß. Inseln in dieser Periode (siehe Abbildung Seite 84) bedeuten Sorgen, gefühlsmäßige Verwirrung oder möglicherweise schlechte Gesundheit. Zweige, die von hier sichtbar zum Berg des Zeigefingers aufsteigen, zeigen üblicherweise Errungenschaften im Bildungsbereich oder das Gefühl eines persönlichen Erfolgs an.

Der nächste Abschnitt der Linie unter dem Mittelfinger repräsentiert die Zeit von den frühen Zwanzigern bis ungefähr vierzig Jahren. Auch in diesem Fall werfen Inseln in diesem Bereich ein Schlaglicht auf Sorgen, die so lange anhalten, wie weit sich die Insel erstreckt. Jede Veränderung in Struktur und Aufbau ist zu beachten. Sollte die Linie stärker werden, verbessern sich die Denkprozesse, und der Mensch erwirbt eine positivere Einstellung. Wird die Linie in irgendeiner Weise geschwächt oder gemindert, dann haben Unentschlossenheit und ein Mangel an klarem Denken und Konzentration eingesetzt.

Manchmal scheint die Kopflinie im Zickzack nach oben und unten zu verlaufen (siehe Abbildung Seite 84). Selbst wenn dieses Auf und Ab kaum merklich ist, spiegelt es Spitzen und Täler des intellektuellen Fortschritts der Person im Verlauf ihres Lebens wider. Die Spitzen weisen auf Perioden hin, in denen das Denken klar, kanalisiert und ungehemmt ist. Die Täler bedeuten Zeiten möglicher Depression, wenn die Person intellektuell an einem Tiefpunkt ist. Senkungen oder abwärts gerichtete Zweige, egal wie klein sie sein mögen, stehen für schlechte Zeiten, in denen man emotionale Probleme durchmacht und sich allgemein bedrückt fühlt (siehe Abbildung Seite 84).

Im Gegensatz dazu repräsentieren nach oben aufsteigende Zweige geistige Erfolge. Zweige, die sich zum Zeigefinger hin ausstrecken, sind in der Regel ein Zeichen für Leistungen auf akademischem Gebiet. Zum Saturnfinger hin liegend stehen sie für berufliche Aussichten und Erfolge; auf den Ringfinger ausgerichtet für Gefühle schöpferischer Erfüllung und Befriedigung. Zweige in Richtung kleiner Finger machen entweder wissenschaftliche oder geschäftliche Errungenschaften sichtbar, möglicherweise sogar finanziellen Gewinn.

Ein Bruch mit sich überschneidenden Enden irgendwo auf der Kopflinie (siehe Abbildung Seite 84) ist äußerst interessant, weil er einen umfassenden Wandel des Bewußtseins widerspiegelt, eine Neuorientierung, häufig eine vollständig neue Art, das Leben zu betrachten. Menschen mit diesem Merkmal scheinen aufgrund ihrer Erfahrungen eine grundlegende Veränderung durchzumachen. In dieser Zeit hinterfragen sie ihre Ideale und ihre lange Zeit gültigen Glaubensüberzeugungen. Sie stellen ihre Werte auf die Probe und unterziehen ihre Ziele und Wünsche einer Neubewertung. Auf diese Weise kommen sie am Ende mit einer ganz anderen Lebenseinstellung heraus, die in Lage und Qualität des anschließenden Abschnitts sichtbar wird.

Liegt das überlappende Ende der neuen Linie höher als das Ende der alten, also näher an der Herzlinie, dann wird die Person am Ende praktischer gesinnt, geschäftsbewußter, vielleicht auch etwas härter sein. Aber sie wird viel mehr als früher das Heft in der Hand haben. Beginnt der neue Abschnitt tiefer als der alte, dann ist sie entspannter, aufgeschlossener und unter Umständen viel offener und kreativer.

Ein klarer Bruch ohne überlappende Enden ist eine ungewöhnliche Konstellation. Sie könnte möglicherweise eine Kopfverletzung bedeuten oder ein bemerkenswertes Ereignis, das einen Teil dieses Lebens auf ziemlich dramatische Weise beendet, bevor es den nächsten eröffnet.

Querlinien, die die Hauptlinie an irgendeinem Punkt kreuzen, repräsentieren Zeiten der Störung, des Widerstands oder der Rückschläge, die den natürlichen Fluß zeitweise behindern und den Fortschritt des Menschen hemmen. Setzt sich die Linie nach der Störung normal fort, so hat die Störung keine langfristigen schädlichen Wirkungen. Irgendwelche Schäden, die aus solchen Ereignissen herrühren, zeigen sich in Inseln oder in einer Schwächung der Linie selbst.

Die zweite Hälfte der Kopflinie

Der Verlauf der Kopflinie unter dem Apollofinger bezieht sich grob gesagt auf die Zeit nach dem vierzigsten Lebensjahr. Eine kurze Linie bedeutet in keiner Weise ein kurzes Leben, sondern lediglich, daß der Zeitmaßstab komprimiert werden muß. Es könnte auch heißen, daß der Rest der Linie erst noch entwickelt werden muß, was im Lauf der Zeit ohne weiteres geschehen kann.

Für diesen Teil der Linie gelten die gleichen Regeln wie für die erste Hälfte. Achten Sie auf die Struktur und auf eventuell auftretende Veränderungen positiver oder negativer Natur. Gibt es irgendwelche bemerkenswerten Inseln, Querlinien oder Brüche, die Sorgen, Widerstände, Störungen oder Veränderungen nahelegen? Abwärtsgerichtete Abzweigungen bedeuten Perioden der Flaute, aufsteigende Zweige hingegen Zeiten des Erfolgs.

Es ist ziemlich ungewöhnlich, wenn in diesem Bereich Zweige in Richtung Zeige- oder Mittelfingerberg abgehen. Sollten sie existieren, sind sie als akademische oder berufliche Erfolge zu deuten. Üblicherweise richten sich Zweige in diesem Bereich – wenn es sie gibt – auf den Ring- und den kleinen Finger. Die auf den Ringfinger weisenden Abzweigungen lassen persönliche und schöpferische Erfüllung und Befriedigung vermuten, die zum kleinen Finger weisenden wissenschaftliche, kommerzielle, technologische oder finanzielle Errungenschaften.

Die Enden

Wenn die Linie zum Ende hin dünner wird, zeigt uns das, daß hier mehr Potential vorhanden ist, aber der Verstand nicht voll ausgelastet wird. Je stärker die Linie an ihrem Abschluß ist, desto lebhafter und aufgeweckter bleibt der Verstand. Ist die Linie am Schluß ausgefranst oder gespalten, so kann das für Vergeßlichkeit im hohen Alter und eine allgemeine Aufsplitterung der geistigen Energie stehen. Es kann ein Anzeichen für Senilität sein.

In manchen Fällen endet die Kopflinie in der Form einer Gabel (siehe Abbildung Seite 84). Das darf nicht mit der aufsteigenden Schicksalslinie verwechselt werden, die diese Linie durchschneidet. Es sollte auch nicht als Zeichen für einen Tiefpunkt gedeutet werden. Wenn sich die Linie unter dem Mittelfinger gabelt, kann sie auf ein musikalisches Talent hinweisen oder im Alternativfall auf eine Begabung für alles, was mit Eigentum und Grund und Boden zu tun hat. Eine Gabelung unter dem Ringfinger ist etwas Besonderes. Sie wird »Gabel des Autors« genannt. Nicht alle, die schreiben, haben dieses Merkmal, und es werden auch nicht alle, die es haben, Schriftsteller. Es weist jedoch auf ein herrausragendes schöpferisches oder künstlerisches Talent hin. Gabelt sich die Linie unter dem kleinen Finger, dann ist das ein Signal für geschäftliches oder finanzielles Können.

Unterschiede zwischen den Kopflinien der rechten und der linken Hand

In dem Moment, in dem zwischen beiden Händen Unterschiede gefunden werden, wird Handlesen zu einem faszinierenden Fach, denn hier enthüllt sich der Reichtum des Charakters und die Komplexität des Individuums. Erinnern Sie sich, daß die rechte Hand eines Rechtshänders die objektive Seite abbildet, während die linke Seite die subjektive Seite wiedergibt. Bei einem Linkshänder ist es natürlich umgekehrt.

Sollte sich in der objektiven Hand eine stärkere Kopflinie zeigen als in der anderen, wobei es egal ist, ob Länge oder Struktur betroffen ist, bedeutet das, daß solche Menschen mehr aus ihrer intellektuellen Entwicklung gemacht haben, als es ihr Erbe und ihr Umfeld eigentlich zugelassen hätte.

Wenn jedoch die subjektive Seite die stärkere Linie trägt, dann hat ihr Besitzer seine intellektuellen Fähigkeiten nicht optimal genutzt und auch keinen Vorteil aus den Chancen gezogen, die sich in seinem Leben ergeben haben. Sollte die Kopflinie gegabelt sein und sich diese Gabelung nur in der subjektiven Hand zeigen, so läßt das vermuten, daß das Potential auf den entsprechenden Gebieten noch nicht entwickelt wurde.

Die Lebenslinie

Die Lebenslinie zeigt:

- unsere Vitalität,
- unsere Lebensfreude,
- unseren »elan vital«,
- unseren Gesundheitszustand,
- unsere körperliche Kraft und Robustheit oder unsere Schwächen und Gebrechlichkeit,
- den allgemeinen Verlauf unseres Lebens.

Viele Menschen machen in bezug auf diese Linie einen grundlegenden Fehler. Sie gehen davon aus, daß sie die Länge des Lebens wiedergibt. Das ist nicht der Fall. Die Linie steht für die *Qualität*, nicht für die *Quantität* des Lebens.

Die Position
Die Lebenslinie beginnt am Rand der Handfläche, in der Regel auf halber Strecke zwischen der Basis des Zeigefingers und dem Daumen. Anschließend kann sie in einer schwungvollen Kurve in die Mitte des Handtellers hineinreichen, oder sie kann sich eng am Daumen entlangziehen. Eine Linie, die sich sichtbar an den Venusberg schmiegt, illustriert einen Mangel an Vitalität und generell an körperlicher Robustheit. Außerdem ist sie ein Zeichen für emotionale Kühle und eine bestimmte persönliche Reserviertheit.

Je weiter die Linie in das Zentrum der Hand hineinreicht, desto offener ist die Person. Solche Menschen sind im allgemeinen männlich und aktiv, mit viel Ausdauer und Vitalität. Sie schöpfen voll Begeisterung das Leben in seiner Fülle aus und scheinen von menschlicher Wärme und Ausstrahlung überzuströmen.

Die Anfänge
Für den Anfang der Lebenslinie gelten exakt die gleichen Prinzipien wie für die Kopflinie (siehe die Abbildungen auf Seite 91). Ein gemeinsamer Beginn der beiden Linien bedeutet eine vorsichtige, beherrschte Persönlichkeit. Bleiben die Linien darüber hinaus über eine lange Strecke verbunden, zeigt sich darin der Spätentwickler. Wenn die Linien zusammen beginnen, sich aber frühzeitig trennen, oder wenn zwischen ihnen sogar ein kleiner Abstand ist, dann existiert ein gutes Gleichgewicht zwischen gesundem Menschenverstand und Vorsicht, verbunden mit einem

Sinn für Spaß und Abenteuer. Ein weiter Abstand zwischen den Linien ist das Signal für Ungestüm, das Merkmal des abenteuerlichen Wagehalses, der es genießt, Risiken einzugehen.

Der normale Startpunkt der Lebenslinie ist grob gesagt auf halber Strecke zwischen der Basis des Zeigefingers und dem Daumen. Je weiter oben auf der Handfläche die Linie beginnt, desto ehrgeiziger und möglicherweise auch herrischer ist dieses Individuum. Ein Anfang weit unten in Daumennähe verrät Unsicherheit und mangelndes Selbstvertrauen.

Inseln

Inseln auf der Lebenlinie (siehe Abbildung Seite 84) berichten von einer Schwächung der Konstitution, von Perioden der Krankheit oder einfach von einem generellen Mangel an Robustheit über den Zeitraum hinweg, den die Insel repräsentiert.

Eine einzelne Insel oder eine Inselkette am Beginn der Linie unter dem Zeigefinger spiegelt Krankheiten in der Kindheit oder in der frühen Jugend wider. Ohne Ausnahme steht dieses Merkmal für bronchiale oder katarrhartige, die Atemwege befallende Krankheiten. Inseln, die etwas weiter unten auf der Linie liegen, lassen häufig Rückenprobleme erkennen. Das könnte auf eine einfache allgemeine Schwäche von Rücken und Rückgrat hinweisen. In manchen Fällen bedeutet es eine tatsächliche Schädigung oder Verletzung des Rückens. Noch weiter die Linie abwärts zum Handgelenk hin wäre eine Insel ein Signal für Gebrechen und Krankheiten im hohen Alter.

Inseln müssen in ihrer Verbindung mit den anderen Konstellationen in der Hand untersucht werden, um körperliche Probleme nachzuweisen und die exakte Natur der zugrundeliegenden Krankheit zu bestimmen.

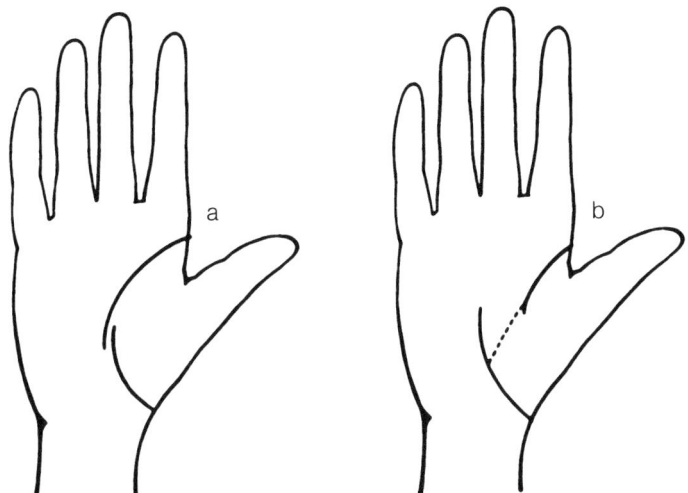

Unterbrechungen der Lebenslinie

Unterbrechungen
Zwei Sorten von Unterbrechungen können auf dieser Linie auftauchen: ein vollständiger, klarer Bruch und eine Trennung, bei der sich die Enden der Linien überlappen.

Ein klarer Bruch kann einen Unfall bedeuten oder eine plötzliche Erkrankung. Eine um den Bruch herum sichtbare rechteckige Zeichnung markiert eine Art Schutz gegen die Gefahr. Ein dämpfender Effekt wirkt als Puffer gegen die Ereignisse und verspricht eine schnelle Erholung. Ein Bruch mit überlappenden Enden steht für die Entwicklung eines völlig neuen Lebensabschnitts und damit für eine Veränderung des Lebensstils: Neuanfang, neue Horizonte oder ein Umzug in eine neue Umgebung. Je weiter der Abstand zwischen den überlappenden Enden ist, desto tiefgreifender ist der Wandel. Beginnt der neue Abschnitt der Linie innerhalb der alten (siehe Abbildung a auf dieser Seite), zeigt uns das, daß die Veränderungen eine Verengung und Verkrampfung des neuen Lebens gegenüber dem alten mit sich bringen. Das könnte beispielsweise nach einem Unfall geschehen, durch den die individuelle Gesundheit geschwächt wurde, oder auch durch einen ungünstigen Ortswechsel. Wenn der neue Abschnitt jedoch außerhalb des alten beginnt, also in Richtung Handmitte, dann bringt das neue Leben große Verbesserungen, weitere Horizonte, größere Aktivität und allgemein das Gefühl der Öffnung.

An dieser Stelle ist ein Wort der Warnung angebracht. Manchmal scheint eine Lebenslinie ungewöhnlich kurz zu sein, was bei dem Betroffenen große Ängste auslösen kann. Eine solche Linie bedeutet nicht notwendigerweise ein kurzes Leben. Viele augenscheinlich sehr kurze Lebenslinien haben eine kleine Haarlinie, die sie mit einer neuen Linie weiter im Handinneren verbindet, manchmal sogar mit der Schicksalslinie (Abbildung Seite 101b). Anstatt Zeichen eines frühen Todes zu sein, enthüllt diese Art der Linienführung den Beginn eines völlig neuen Lebens. Solche Menschen können beispielsweise auswandern, heiraten oder in eine Welt eintreten, die ganz anders ist, als die, an die sie gewöhnt waren.

Zweige

Zwei Arten von Zweigen gehen von der Lebenslinie ab: Die einen richten sich nach oben zu den Fingern hin, die anderen senken sich nach unten zum Handgelenk (siehe Abbildung Seite 84).

Die aufsteigenden Zweige sind Leistungslinien. Sie zeigen persönliche Triumphe und ein Gefühl der Erfüllung. Ein Zweig in Richtung Zeigefinger weist auf akademische Bestrebungen hin. Zum Mittelfinger hin bedeutet er Erfolge in bezug auf Besitz, häusliche Stabilität oder berufliche Angelegenheiten. Ein Zweig, der zum Ringfinger aufsteigt, wirft ein Licht auf schöpferische Erfüllung. Und ein Zweig in

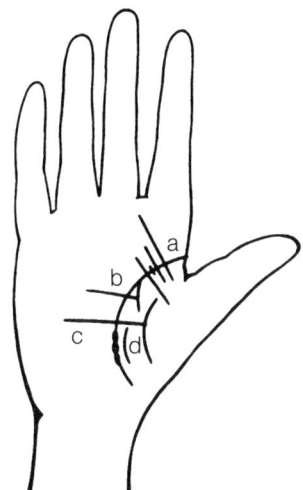

Zeichen auf der Lebenslinie

Richtung kleiner Finger verrät ein Gefühl der Befriedigung in allem, was mit wissenschaftlichen, literarischen, kommerziellen oder finanziellen Angelegenheiten zu tun hat.

Zweige nach unten bedeuten räumliche Bewegung, entweder eine neue Adresse oder allgemein eine Ortsveränderung. Je kürzer bzw. zarter der Zweig ist, desto geringer ist die Wirkung der Bewegung für den Betroffenen. Je länger der Zweig ist, desto wichtiger oder weiter entfernt ist das Ziel des Unterwegsseins. Ein langer Zweig repräsentiert häufig Auslandsreisen, besonders dann, wenn der Zweig tief in den Mondberg vordringt.

Querlinien

Linien, die die Lebenslinie kreuzen (Abbildung oben a) werden Traumalinien genannt. Sie stehen für Zeiten der Blockaden, des Widerstands und der Störungen, die samt und sonders Verwirrung und Aufruhr im Gefühlsleben verursachen. Je deutlicher die Querlinie ausfällt, desto größer ist der Ärger. Eine an der Daumenwurzel beginnende Querlinie, die die Lebenslinie kreuzt, weist auf Probleme in den Bereichen Familie und Eltern hin. Wenn die Querlinie die Lebenslinie durchschneidet und im weiteren auch die Kopf- und/oder die Herzlinie kreuzt, findet das Trauma im ganzen Lebens dieses Menschen seinen Widerhall.

Zahlreiche, aber feine und dicht gebündelte Linien bedeuten nicht so sehr besondere Ereignisse. Sie stehen eher für eine sehr nervöse und gereizte Natur, einen Menschen, der zu Sorgen neigt. Eine Querlinie, die von einer Einflußlinie innerhalb der Haupt-Lebenslinie ausgeht (siehe Abbildung Seite 103 b), berichtet uns von Problemen, die aus dieser Beziehung stammen.

Einflußlinien

Diese Linien sieht man innerhalb der Lebenslinie. Sie entspringen entweder direkt aus ihr oder liegen parallel dazu ohne Kontakt (Abbildung Seite 103 c). Beide können entweder Kinder oder neue Partnerschaften bedeuten. Die Eigenschaften dieser Linien berichten uns über den Charakter des Einflusses dieser Beziehung auf die betroffene Person.

Schwesterlinien

Eine Schwesterlinie ist eine Parallele zur Lebenslinie, die ihr entlang ihrer Innenseite folgt. Sie wird auch Marslinie genannt und auf zwei mögliche Weisen interpretiert. Erstens kann sie für den starken Einfluß etwa eines engen und liebevollen Seelengefährten stehen, gelegentlich auch für ein reiches spirituelles Leben. In anderen Fällen weist diese Linie auf ein Mehr an Vitalität und Schutz hin – ähnlich einer Notfallreserve. Das gilt besonders, wenn die Haupt-Lebenslinie durchbrochen, gekettet oder von Inseln durchsetzt ist (Abbildung Seite 103 d). Eine solche Linie gibt der Vitalität und der Lebensenergie einen zusätzlichen Schub.

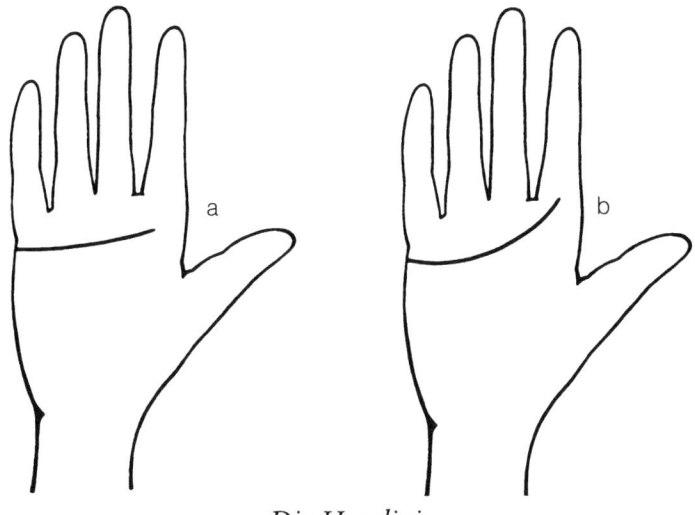

Die Herzlinie

Die Herzlinie

Die Herzlinie gibt uns Informationen über unsere:

- Gefühle,
- Einstellungen zu Liebe, Ehe und Beziehungen,
- Gesundheit,
- Ungleichgewichte in den Körpermineralien und der allgemeinen Körperchemie.

Die Position

Die Herzlinie ist die erste sich quer über die Handfläche erstreckende Linie direkt unter den Fingern. Wenn sie ziemlich weit oben in der Hand und sehr nah an den Fingern zu liegen scheint, verrät sie uns eine vom Intellekt bestimmte Art, mit Gefühlen umzugehen. Solche Menschen sind kühl, rational und analytisch, von der Sorte, bei der der Kopf das Herz regiert. Liegt die Linie weiter unten auf dem Handteller, also näher an der Kopflinie, sagt sie uns, daß die Gefühle im Vordergrund stehen und daß in Wirklichkeit das Herz den Kopf regiert.

Eine ausgesprochen gerade verlaufende Linie (siehe Abbildung Seite 105 a) bedeutet in der Regel – speziell auf einer weiblichen Hand – eine kluge und manchmal sogar berechnende Art, mit menschlichen Beziehungen umzugehen. Von der geraden Herzlinie wird oft gesagt, sie spiegele »männliche« Gefühle wider.

Im anderen Fall, wenn die Linie eine tiefe Kurve macht (siehe Abbildung Seite 105 b), weist sie auf einen großzügigen, gebebereiten und sensiblen Umgang mit Beziehungen hin. Sie wird als »weibliche« Linie bezeichnet, unabhängig davon, ob sie auf einer männlichen oder auf einer weiblichen Hand zu finden ist. Wo immer sie zu sehen ist, weist sie auch auf einen ausgeprägten Sinn für Recht, Gnade und Fairness hin. Dieses Gefühl ist so stark, daß solche Menschen großes Leid auf sich nehmen, um anderen Menschen immer neue Chancen zur Versöhnung oder Rechtfertigung zu geben.

Die Enden

Eine auf dem Berg des Zeigefingers endende Linie (siehe Abbildung Seite 107 a) bedeutet Idealismus in Herzensangelegenheiten. Diese Leute neigen zu einem rosaroten Bild von Beziehung und Ehe. Sie sehen ihre Partner eher wie Ritter in schimmernder Rüstung oder liebliche Damen in Nöten. Ihre Ideale sind extrem hoch angesetzt und ihre Maßstäbe noch höher. Als Folge davon laufen sie nahezu zwangsläufig Gefahr, Enttäuschungen zu erleiden, wenn sie entdecken, daß die Menschen, die sie auf ein Podest gestellt haben, auch nur Menschen sind, die wie alle ihre Fehler haben.

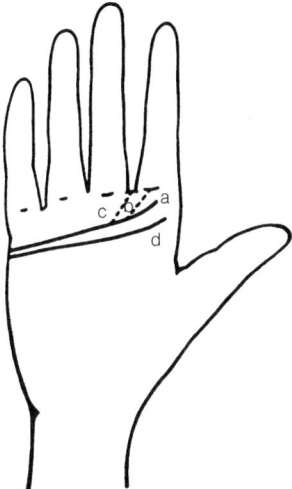

Enden der Herzlinie

Nach einer solchen Enttäuschung brauchen sie viel Zeit, um die Liebe und das Vertrauen, die sie in die Beziehung gesteckt haben, wiederzuerlangen – das heißt, wenn ihnen das überhaupt noch einmal gelingt. Der beste Rat für sie ist, ihre Erwartungen herunterzuschrauben und in bezug auf Beziehungen, wie auf die menschliche Natur im allgemeinen, eine realistischere Haltung einzunehmen.

Ein sehr weit oben auf dem Zeigefingerberg liegendes Ende (siehe Abbildung b), das fast den Anfang des Fingers erreicht, kann ein Zeichen für Eifersucht und Besitzdenken sein, nicht nur gegenüber Partnern, sondern auch gegenüber Kindern und Freunden.

Endet die Linie zwischen dem Zeige- und dem Mittelfinger (Abbildung c), spiegelt sie eine vernünftige, nüchterne Einstellung zu Beziehungen wider. Personen dieser Art sind warmherzig. Da sie ihre Gefühle aber nur schwer in Worten ausdrücken können, ziehen sie es vor, ihre Liebe zu zeigen, indem sie etwas für andere tun. Das kann dazu führen, daß sie ihre Gefühle unterdrücken. Deshalb brauchen sie ein Sicherheitsventil. Möglicherweise ist das ein freundliches Ohr, das ihre Probleme anhört, sie können sich aber auch einem Tagebuch anvertrauen.

Eine Linie, die unter dem Mittelfinger endet, ist ein Zeichen für Sinnlichkeit. Männer und Frauen dieser Art interessieren sich mehr für sexuelle Begegnungen, die nicht länger als eine Nacht dauern. Sie denken eher an ihre sexuelle Befriedigung als an gefühlsmäßige Bindungen.

Manchmal überquert die Linie die Handfläche bis hin zum Zeigefinger und reicht fast bis zum Rand der Hand. Für Menschen mit einem solchen Merkmal hat die Arbeit eine größere Priorität als Beziehungen. Alle anderen Aspekte des Lebens müssen sich entsprechend unterordnen. Menschen, die diesen Persönlichkeiten nahestehen, müssen lernen, ihnen den Raum und die Zeit einzuräumen, die sie brauchen, um ihre Karriere zu verfolgen. Aufgrund ihrer Hingabe an ihre Arbeit findet man solche Leute oft in Ausschüssen, oder sie werden immer wieder gebeten, Verantwortung zu übernehmen.

Eine dreifach gegabelte Linie gilt als ideal, weil sie alle eben beschriebenen Bereiche umfaßt – Wärme, Idealismus und Leidenschaft – und auf einen vernünftigen Umgang mit allen menschlichen Beziehungen hinweist.

Zweige
Zweige, die abwärts verlaufen (siehe Abbildung Seite 84), können Zeichen von Enttäuschung und Unglücksgefühlen in Beziehungsangelegenheiten sein, besonders wenn sie die Kopflinie berühren.

Inseln
Auf dieser Linie sind Inseln Indikatoren für gesundheitliche Störungen. Eine Insel unter Zeige- oder Mittelfinger kann für Hörstörungen stehen. Unter dem Ringfinger

kann eine Insel auf Sehschwächen hinweisen. Eine laufmaschenähnliche Konstellation an dieser Stelle bedeutet unter Umständen Nervosität, die mit Schlafstörungen einhergehen kann. Das ganze könnte auf ein Ungleichgewicht im Kalziumhaushalt zurückzuführen sein. Im allgemeinen ist eine gekettete Herzlinie ein mögliches Zeichen für kleinere Gebrechen oder Unausgewogenheiten.

Alle anderen Zeichen auf dieser Linie, beispielsweise Brüche oder Punkte, können potentielle Hinweise auf Probleme des Herzens oder der Herzkranzgefäße sein. Das muß jedoch durch andere Hinweise an weiteren Stellen der Hand bestätigt werden.

Die Schicksalslinie

Die Schicksalslinie repräsentiert:

- unsere öffentliche Identität,
- unsere Karriere,
- unseren Lebensstil,
- unser Verantwortungsgefühl,
- unsere Wahrnehmung unserer selbst, unserer Rollen und unserer Stellung in der Gesellschaft.

Die Anfänge
Diese Linie kann an unterschiedlichen Stellen beginnen. Sie verläuft normalerweise nach oben über die Hand, in der Regel im Zentrum der Handfläche, und strebt auf den Mittelfinger zu.

Wenn ihre Wurzeln auf dem Mondberg liegen (Abbildung Seite 111 oben a), enthüllt sie uns eine Karriere, die ein Dasein im Blickpunkt der Öffentlichkeit oder noch besser im Rampenlicht beinhaltet. Menschen mit einer solchen Linie brauchen die Zustimmung und die Anerkennung des Publikums. Diejenigen, deren Schicksalslinie am Beginn mit der Lebenslinie verknüpft ist (Abbildung oben b), werden ausnahmslos sehr früh damit konfrontiert, familiäre Verantwortung übernehmen zu müssen. Ein Junge, der nach dem Verlust des Vaters die Führung der Familie übernimmt, und eine junge Tochter, die es als ihre Pflicht betrachtet, ihre kranken Eltern zu versorgen, könnten beide dieses Merkmal aufweisen. Erst wenn die Linien sich trennen, wandeln sich die Verantwortlichkeiten, und diese Menschen fühlen sich frei, ein unabhängiges Leben aufzunehmen.

Eine Linie, die geradewegs ins Zentrum der Handfläche hineinläuft, zeigt eine stetige, gesetzte Existenz, die nicht von irgendwelchen Höhen und Tiefen des Lebens gestört wird. Aufgrund der zunehmenden Mobilität und der derzeitigen Situation auf dem Arbeitsmarkt sieht man Linien diese Art heute nicht mehr so oft wie früher. Sie repräsentieren einen vorbestimmten Lebensweg, wie ihn Menschen haben, die in die Fußstapfen ihrer Eltern treten oder die vom Schulabschluß bis zur Rente in derselben Firma arbeiten. Außerdem fügt diese Linie der Lebensphilosophie der Person einen Hauch von Fatalismus hinzu.

Die Schicksalslinie kann auch weiter oben in der Handfläche beginnen (Abbildung oben c), aber erst ihr Beginn markiert den Startpunkt für ein Gefühl der Kontrolle über die Umwelt, die Idee der Verantwortlichkeit und das Gefühl, im Leben ein Ziel und eine Verpflichtung zu haben. In einigen Fällen kann die Entwicklung der Linie Gefühle der Beschränkung signalisieren. Das muß natürlich mit Hilfe der anderen Zeichen in der Hand überprüft werden.

Der Verlauf der Linie
Eine besonders am Anfang schwache oder fragmentierte Linie spiegelt Wankelmut, fehlende konkrete Zukunftsvorstellungen und unter Umständen ein mangelndes Zielbe-

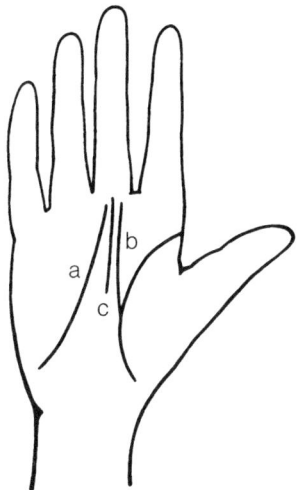

Die Schicksalslinie

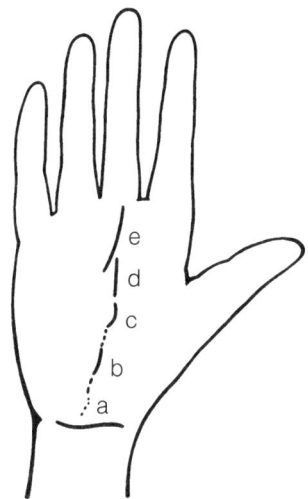

Der Verlauf der Schicksalslinie

wußtsein wider. Außerdem ist sie ein Zeichen für häufigen Arbeitsplatzwechsel (Abbildung Seite 111 unten a). Wenn die Struktur der Linie unregelmäßig ist, erst dicker und dann dünner (Abbildung Seite 111 unten b), berichtet sie uns davon, daß diese Menschen nicht immer im gleichen Maße Kontrolle über ihr Leben haben: Manchmal meinen sie, das Ruder in der Hand zu haben, zu anderen Zeiten fühlen sie sich der Gnade der Umstände ausgeliefert.

Alle Brüche oder auch nur minimalen Abweichungen von der Linie (Abbildung Seite 111 c) repräsentieren Veränderungen in der Lebensweise oder in Berufs- und Karriereangelegenheiten. Bei einer Überlappung weist der neue Zweig auf den Beginn eines neuen Lebensabschnitts oder einer neuen Arbeit hin. Kurz gesagt: Das Leben bekommt eine andere Richtung. Ein klarer Bruch läßt ein eher aprubtes Ende des alten Lebens vermuten, das in der Mehrzahl der Fälle von anderen veranlaßt wurde. Das ist zum Beispiel bei Arbeitslosigkeit der Fall (Abbildung Seite 111d). Sobald der nächste Abschnitt der Linie beginnt, wird das neue Leben mit erneuerter Energie aufgenommen.

Die Größe des Bruchs bzw. der Ablenkung der Linie zeigt uns den Charakter des Unterschieds zwischen den aufeinanderfolgenden Phasen. Ein leichter Knick (Abbildung Seite 111 c) an dieser Stelle würde auf eine kleinere Veränderung hinweisen, zum Beispiel eine Beförderung oder eine Versetzung auf gleicher Ebene innerhalb derselben Firma. Ein ausgesprochen großer Abstand zwischen zwei Abschnitten der Linie (Abbildung Seite 111e) bedeutet einen vollständigen Neubeginn, einen umfassenden Schwenk innerhalb der Karriere und eine völlig andere Lebensweise.

Inseln, die auf der Linie selbst liegen, weisen auf Zeiten der Sorge hin: mögliche Enttäuschungen oder Frustrationen im Berufsleben oder zu Hause, in manchen Fällen auch finanzielle Schwierigkeiten. Querlinien, die die Hauptlinie

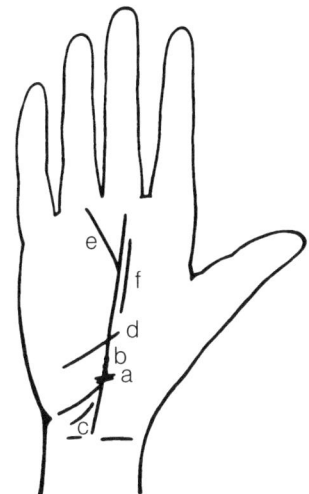

Zeichen auf der Schicksalslinie

schneiden, berichten uns von Rückschlägen, Störungen oder Widerständen, die sich dem normalen Verlauf der Dinge entgegenstellen.

Zweige
Zweige, die vom Mondberg herkommend zur Schicksalslinie führen, stehen für Einflüsse und Beziehungen im Leben des Menschen. Sollte der Zweig die Hauptlinie tatsächlich treffen und mit ihr verschmelzen (Abbildung oben a), so ist das ein Zeichen für eine starke Bindung oder die Festigung der Partnerschaft, in der Regel eine Heirat. Ob die Beziehung sich positiv oder negativ auf den Menschen auswirkt, läßt sich anhand des Erscheinungsbilds der Linie unmittelbar nach dem Punkt der Verschmelzung beurteilen.

Eine starke und geradlinige Fortsetzung der Schicksalslinie spiegelt eine positive Wirkung der Beziehung wider. Bildet die Linie allerdings eine Insel oder wird sie von Einschnitten und Querlinien durchbrochen (Abbildung Seite 113 b), bringt die Beziehung gewisse Schwierigkeiten mit sich. Wenn die Schicksalslinie nach der Vereinigung abbricht und mit einem neuen Abschnitt beginnt, heißt das, die Beziehung ruft Veränderungen hervor: einen Umzug oder den Beginn eines ganz neuen Lebensstils.

Es hat sich gezeigt, daß eine vom Mondberg kommende Einflußlinie, die die Schicksalslinie nicht erreicht oder sie schneidet, nichts Gutes für diese Beziehung verheißt (Abbildung Seite 113 c und d). Beide Konstellationen legen die Vermutung nahe, daß die Beziehung enweder nur sehr kurzlebig ist oder eine schädliche, um nicht zu sagen verhängnisvolle Wirkung auf die Person hat.

Zweige, die von der Schicksalslinie in Richtung Zeigefingerberg aufsteigen, sind ausgesprochen ungewöhnlich. Sie könnten öffentliche Anerkennung in irgendeiner Form bedeuten. Dieser Teil der Hand repräsentiert alles, was mit Politik, Kirche, Gesetz, ja sogar Erziehung in Verbindung steht. Deshalb könnte ein Zweig in diese Richtung auf einen Erfolg in einem der genannten Bereiche hinweisen, je nachdem, welchen Beruf der einzelne ausübt.

Das normale Ende der Schicksalslinie liegt unter dem Mittelfinger. Deshalb ist es ziemlich unwahrscheinlich, daß ein Zweig seinen Weg in diese Richtung nimmt.

Zweige in Richtung Ringfinger (Abbildung Seite 113 e) beleuchten künstlerische oder schöpferische Errungenschaften und möglicherweise sogar Erfolge. Mit Sicherheit ist so ein Zweig ein Zeichen für ein Gefühl der Befriedigung in der Karriere oder auf dem Lebensweg des Menschen. Zweige dieser Art können auch ein Doppel in einer Apollo- oder Sonnenlinie finden.

Ein Zweig zum kleinen Finger signalisiert eine Form des Erfolgs in den Bereichen Wissenschaft und Geschäfts- bzw. Geldangelegenheiten, abhängig von der Laufbahn des Individuums.

Parallelen
Ein Zweig, der vom Mondberg ausgeht und, statt die Schicksalslinie zu treffen, parallel neben ihr herläuft, ist eines der besten Zeichen für eine exzellente Beziehung. In der Regel bedeutet er eine gute Ehe, in der die beiden Beteiligten sich mehr als Partner, denn als Mann und Frau fühlen.

Parallelen an anderen Stellen der Schicksalslinie sind immer ein Signal für gesteigerte Aktivität (siehe Abbildung Seite 113 f).

Die Enden
Normalerweise liegt das Ende dieser Linie auf dem Saturnberg unter dem Mittelfinger. Es kann sich aber auch an einer anderen Stelle befinden.

Wenn die Linie an der Kopflinie plötzlich abbricht und überhaupt nicht mehr weitergeht, dann ist es gut möglich, daß ein falscher Zug der Karriere ernstzunehmenden Schaden zugefügt hat. Ein plötzliches Ende an der Herzlinie könnte eine emotionale Verstrickung bzw. einen Rückschlag bedeuten (manchmal einen größeren Skandal), der eine schädliche oder unter Umständen sogar verheerende Wirkung auf die Karriere hat. Eine Linie, die zum Zeigefingerberg hinüberschwingt, um dort auszulaufen, ist unter Umständen ein Zeichen dafür, daß dieser Mensch am Ende auf irgendeine Weise im Blickfeld der Öffentlichkeit landet. Selbst wenn er nicht wirklich berühmt wird, erreicht er doch zumindest eine Form öffentlicher Anerkennung oder Zustimmung. Wenn sich die Linie hinüber zum Apolloberg unter dem Ringfinger neigt, berichtet uns das von einer Laufbahn, die sich vollständig der Kunst verpflichtet hat.

Die Zeit in unseren Händen

In der Astrologie läßt sich die zeitliche Anordnung der Ereignisse unseres Lebens mit phänomenaler Exaktheit bestimmen, sofern die genauen Einzelheiten der Geburt bekannt sind. In der Handlesekunst gelingt die genaue zeitliche Bestimmung von Ereignissen nicht so zufriedenstellend. Es ist natürlich möglich, die Wahrscheinlichkeit des Eintritts bestimmter Ereignisse und Vorfälle in einer bestimmten Zeitspanne festzulegen, manchmal sogar bis auf einen extrem engen Zeitabschnitt. Doch es ist immer noch nicht möglich, den genauen Monat, geschweige denn den genauen Tag anzugeben.

Dennoch ist die Fähigkeit festzustellen, ob uns irgend etwas in den nächsten Monaten und nicht in den nächsten Jahren zustößt, offensichtlich recht nützlich. Auf jeden Fall ist es besser, als überhaupt keine Hinweise zu haben. Wenn wir die möglichen Trends unserer Zukunft kennen, gibt uns das wenigstens Zeit, unser Leben zu planen und für diese Zeit Vorsorge zu treffen. Das Schöne an der zeitlichen Bestimmung der Ereignisse in unserer Hand ist, daß wir selbst in graphischen Einzelheiten sehen können, ob eine Linie stärker wird, ob sie Inseln, Querlinien oder Zweige entwickelt, ob sie die Richtung wechselt und so weiter.

Was die Methoden der zeitlichen Bestimmung von Ereignissen angeht, so gibt es dazu unterschiedliche Lehrtraditionen. Das liegt daran, daß Hände keine standardisierten Abmessungen haben, so daß man jede Skala oder jedes Maß, das man verwendet, an die einzelnen Individuen anpassen muß. Nach einiger Übung stellt sich ziemlich schnell Genauigkeit ein. Es ist aber vernünftig, am Anfang ein besonderes Ereignis zu bestimmen – beispielsweise eine emotionale Krise oder einen Umzug – etwas, das sich in einem deutlichen Zeichen niedergeschlagen hat. Dann erarbeitet man sich den Rest der Zeitskala von diesem

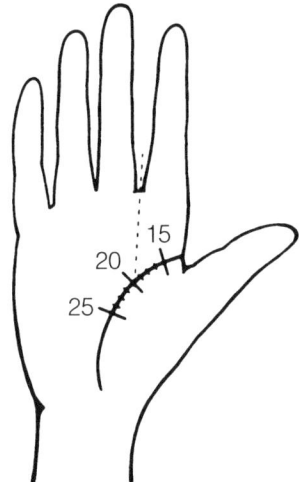

Die Zeit auf der Lebenslinie

Punkt aus. Auf diese Weise gehen selbst Experten vor. Sie bestimmen gern zunächst einige Zeiten und Daten zusammen mit den betroffenen Personen (besonders, wenn die Hand kleiner oder größer als der Durchschnitt ist), sozusagen um das Auge einzustellen und um die Skala entsprechend zu eichen.

Für diesen Zweck werden die Lebens-, die Kopf- und die Schicksalslinie benutzt. Bei der zeitlichen Bestimmung arbeitet man am besten mit einem Abdruck, weil sich hier mit einem Lineal exakte Messungen durchführen lassen.

Die Zeit auf der Lebenslinie

Der Ausgangspunkt für das Ablesen der Zeit auf dieser Linie liegt am radialen Rand unter dem Zeigefinger. Von hier aus geht es um den Daumen herum nach unten zum Handgelenk hin. Ungefähr ein Millimeter repräsentiert den Zeitraum eines Jahres. Man muß aber darauf achten, diese Skala je nach Größe der Hand zu dehnen oder zu stauchen. Eine gute Faustregel ist, das zwanzigste Jahr zu bestimmen und sich von diesem Punkt aus vorwärts oder rückwärts zu bewegen. Die Abbildung Seite 117 illustriert eine schnelle Methode zur Bestimmung dieses Punktes.

Ziehen Sie von der Innenseite des Zeigefingers aus eine gerade Linie nach unten. Der Punkt, an dem sie auf die Lebenslinie stößt, markiert in etwa das Alter von zwanzig Jahren. Von da an kann jeder Millimeter einzeln eingezeichnet werden. Nach einer Weile gehen die Messungen so automatisch, daß man überhaupt kein Lineal mehr braucht. Ein anderer guter Tip ist, die Jahre 25, 30, 35, 40 etc. mit einem längeren Strich als die anderen zu kennzeichnen, damit man sie bei der Analyse der Ereignisse auf der Linie mit einem Blick erkennen kann.

Die Zeit auf der Kopflinie

Auf dieser Linie ist die zeitliche Bestimmung von Ereignissen vergleichsweise einfach. Die »Ein-Jahr-ein-Millimeter«-Regel kommt auch hier wieder zur Anwendung. Wie

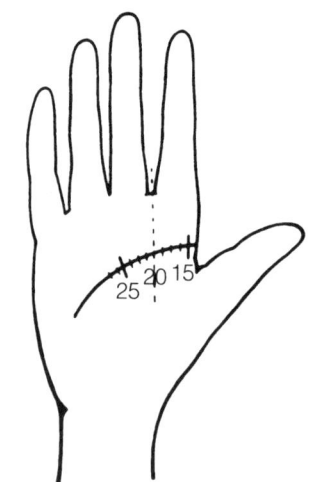

Die Zeit auf der Kopflinie

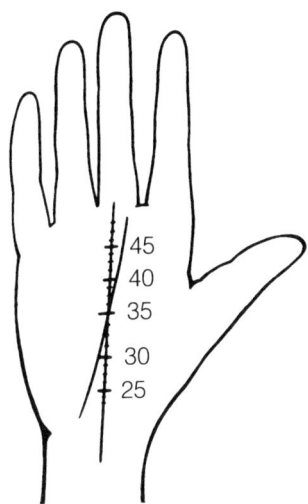

Die Zeit auf der Schicksalslinie

auf der Lebenslinie wird das zwanzigste Jahr bestimmt, indem man eine Linie vom inneren Rand des Zeigefingers nach unten zieht, bis sie die Kopflinie berührt. Auch das Alter von 35 Jahren kann festgelegt werden, diesmal, indem man eine Linie ausgehend von der Mitte des Mittelfingers bis hin zur Kopflinie zieht. Unter Verwendung dieser beiden Bezugspunkte lassen sich dann die jährlichen Intervalle einzeichnen.

Die Zeit auf der Schicksalslinie
Die Schicksalslinie wird vom Handgelenk an aufwärts in Richtung Finger gelesen. Die zeitliche Bestimmung von Ereignissen auf dieser Linie ist nicht so eindeutig wie bei der Arbeit mit der Lebenslinie. Der Zeitmaßstab für die Schicksalslinie ist oben abgebildet.

Messen Sie die Länge der Handfläche von der obersten Raszette zum Beginn des Mittelfingers. Der Mittelpunkt repräsentiert das Alter von 35 Jahren. Jetzt werden von der

Raszette bis zu diesem Mittelpunkt gleichmäßig 35 Jahre abgetragen. Von hier aus muß die Skala jedoch verkleinert werden, es sei denn, wir gehen davon aus, daß der Mensch nur 70 Jahre alt wird! Unter 35 kann jedes Jahr durch einen Abstand von etwas mehr als einem Millimeter abgebildet sein, jenseits dieses Punktes von einem Millimeter und dann, vielleicht jenseits des fünfzigsten Lebensjahres, sogar von noch kleineren Abständen. Denken Sie daran, daß die Skala weiter modifiziert werden muß, je nachdem, ob die Hand größer oder kleiner ist, als normalerweise zu erwarten wäre.

Genau wie bei der Lebenslinie ist es hilfreich, die zeitlichen Abstände durch ein bekanntes Ereignis zu bestätigen, um die Skala passend einzumessen.

DIE KLEINEREN LINIEN

Neben den Hauptlinien gibt es in der Hand noch eine Reihe anderer Zeichen und Linien. Manche Menschen haben viele dieser Nebenlinien, was den Eindruck erweckt, daß auf ihren Handflächen »viel los ist« (Abbildung Seite 122). Andere besitzen fast keine zusätzlichen Linien und damit eine klare transparente Handfläche. Die bekannteste dieser kleineren Linien und Zeichen ist die Sonnenlinie.

Die Sonnenlinie

Die Sonnenlinie (Abbildung Seite 122 a) ist auch unter dem Namen »Apollolinie« bekannt. Es gibt sie nicht auf jeder Hand, aber wenn sie vorhanden ist, bedeutet sie:

- persönliche Zufriedenheit,
- Befriedigung in Beruf und Privatleben,
- schöpferische Erfüllung,
- Erfolg,
- künstlerische Talente und Gaben,
- glücklicher Umgang mit Geld,
- Ruhm.

Die Sonnenlinie wirkt gemeinsam mit der Schicksalslinie, denn sie scheinen sich gegenseitig zu stützen. Sollte eine Linie Schwächen zeigen, die sich in Brüchen oder Inseln äußern, dann würde die Kraft der anderen Linie das ausgleichen. Eine gute starke Sonnenlinie steht für einen Menschen, der reich mit apollinischen Eigenschaften ausgestattet ist: offen, fröhlich und schöpferisch begabt; ein warmherziger, charismatischer Mensch mit einem sonnigen Gemüt.

Anfänge
Die Linie kann an verschiedenen Punkten beginnen. Wenn sie im unteren Teil der Handfläche nahe beim Handgelenk anfängt (Abbildung Seite 123 a), ist sie ein ziemlich seltenes Zeichen frühzeitigen Erfolgs, wie ihn Kinderstars oder Popmusiker aufweisen können.

Eine Linie, die vom Venusberg aus innerhalb der Lebenslinie entspringt (Abbildung Seite 123 b), bedeutet, daß die Familie maßgeblich zum Erfolg dieses Menschen beigetragen hat. Erhebt sich die Linie wie ein Zweig von der Lebenslinie aus und verläuft dann hin zum Apolloberg (Abbildung Seite 123 c), dann stellt sich der Erfolg dank der eigenen Anstrengungen des Menschen ein.

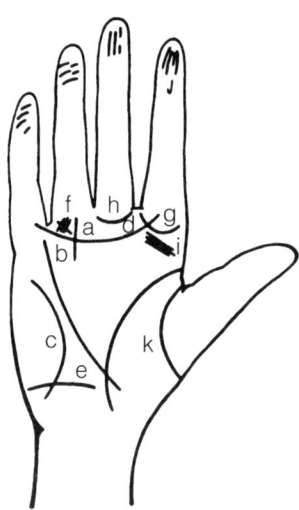

Die kleineren Linien

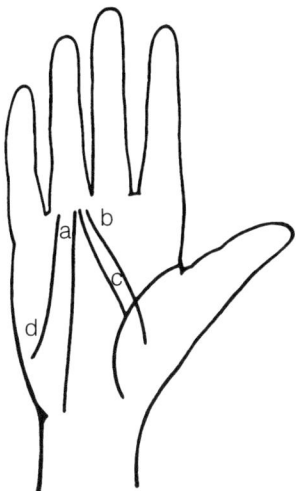

Die Sonnenlinie

Wenn die Linie vom Mondberg ausgeht, ist sie häufig ein Zeichen für öffentliche Anerkennung. Menschen mit einer solchen Konstellation bahnen sich oft im Bereich der Medien oder irgendwie im Blickpunkt der Öffentlichkeit ihren Weg zum Ruhm (Abbildung oben d). Beginnt die Line erst etwas höher auf dem Marsberg, dann kommt der Erfolg durch harte Arbeit (Abbildung Seite 122 a).

Eine Apollolinie, die von der Schicksalslinie aus nach oben verläuft (Abbildung e auf Seite 113), verspricht eine Steigerung der Karriere und verschafft dem Menschen zusätzlich Gefühle der Zufriedenheit und Genugtuung.

Wenn die Linie über der Herzlinie beginnt, weist sie auf auf einen angenehmen Lebensabend hin, der mit Wohlbefinden und innerem Frieden verbunden ist. Sie besagt auch, daß diese Person in ihren späten Jahren von Wärme und Liebe umgeben ist.

Wenn die Linie fehlt
Manchmal ist die Sonnenlinie in einer Hand überhaupt nicht vorhanden. Das bedeutet zwar keine komplette Erfolglosigkeit oder gar völliges Scheitern. Es weist aber dennoch darauf hin, daß das Leben nicht so leicht ist, wie es sein könnte, und daß Erfolg, wenn er sich einstellt, mit Kampf und harter Arbeit verbunden ist.

Mehrere Sonnenlinien
Menschen mit mehreren nebeneinander verlaufenden Sonnenlinien gehören zu der Sorte, die dazu neigt, sich für alles zu interessieren und deshalb nichts zu einem erfolgreichen Ende zu bringen. »Tausendsassa« und »Tänzer auf allen Hochzeiten« könnten angemessene Beinamen für sie sein. Wer ein vor Aktivität knisterndes Leben mit jeder Menge Arbeit schätzt, könnte zahlreiche Sonnenlinien in der Hand haben. Sie sind aber eher ein Zeichen für die Streuung von Energie über ein weites Feld und weniger für die Bündelung von Anstrengungen auf ein einziges Ziel.

Traditionellerweise werden drei Sonnenlinien, die von der Herzlinie aus nach oben verlaufen, als ein Glückszeichen für den Bereich Geld und Finanzen angesehen. Bei diesen Menschen scheint sich das Geld immer dann einzustellen, wenn sie es am nötigsten brauchen – und sei es in letzter Minute. Vielleicht werden sie nie Millionäre, aber sie können immerhin zuversichtlich sein, daß sie nie ganz ohne Mittel dastehen. Ob sie eine glückliche Hand in Geldangelegenheiten haben, oder ob sie einfach Glückspilze sind, darüber läßt sich streiten. Schlichte Tatsache bleibt, daß das Geld wie von Zauberhand auftaucht, wenn sie es brauchen.

Die Merkurlinie

Diese Linie ist auch unter den Namen Gesundheitslinie, Geschäftslinie oder Leberlinie bekannt (siehe Abbildung Seite 122 b). Die Deutung dieser Linie ist eine komplizierte Sache, hauptsächlich weil sie bis jetzt nur ungenügend erforscht wurde. Sie kommt irgendwo aus dem unteren Teil der Hand, häufig aus dem Bereich des Venusbergs oder der Lebenslinie. Ihr Verlauf endet auf dem Merkurberg unter dem kleinen Finger.

Wenn sie vorhanden ist, steht sie für Aspekte der individuellen

- Gesundheit oder der
- geschäftlichen Fähigkeiten.

An dieser Stelle ist der Ausdruck »Mens sana in corpore sano« (lat: ein gesunder Geist in einem gesunden Körper, A.d.Ü.) am richtigen Platz, denn ein klarer Kopf (der sich guter Gesundheit verdankt) führt zu scharfsinnigen und schnellen Entscheidungen in allen Geschäftsdingen.

Das Vorhandensein der Linie ist nicht, wie man früher dachte, ein Zeichen schlechter Gesundheit. Es kann allerdings bedeuten, daß solche Menschen sich ihrer nervösen Systeme schmerzhaft bewußt sind. Dennoch sei angemerkt, daß eine schwache Merkurlinie, die von Inseln durchsetzt, ausgefranst oder verkrümmt ist, in der Tat auf eine empfindliche Konstitution und einen Mangel an physischer Robustheit hinweisen kann.

Früher dachte man auch, daß der Punkt, an dem die Merkurlinie die Lebenslinie kreuzt, einen sicheren Tod zu diesem Zeitpunkt bedeutet. Das ist ausgesprochen irrig, und solcher Unsinn verbreitet schlicht nur Angst und Schrecken. Möglicherweise steht so ein Zeichen für Krankheit oder eine Schwächung der Konstitution während dieser Zeit. Doch das läßt sich nur beurteilen, wenn man seine Stärke mit anderen Linien vergleicht und durch gesundheitliche Faktoren an anderen Stellen erhärtet.

Die Medialitätslinie

Die Medialitätslinie ist ein halbkreisförmiger Bogen an der Handkante (Abbildung Seite 122 c). Menschen mit dieser Linie sind:

- hochgradig intuitiv,
- scharfsichtig,
- mit durchdringender Einsicht ausgestattet,
- in der Lage, in einer Situation oder einer Person wie in einem Buch zu lesen;
- mit einem sechsten Sinn gesegnet;
- fähig zu »fühlen«, was die Zukunft bringt.

Je stärker und vollständiger der Halbkreis ist, desto feiner ist die Wahrnehmungsfähigkeit solcher Menschen. Sie haben auch lebhafte, leuchtende und farbige Träume, die besonders in Zeiten von Problemen mehr als nur einen Hauch von Vorauswissen in sich bergen. Wenn sich dieses Merkmal ausschließlich auf der subjektiven Hand zeigt, dann hat der Besitzer die Gabe geerbt, sie aber nicht zu ihrem wahren Potential entwickelt. Menschen, bei denen die Linie in beiden Händen klar und deutlich zu sehen ist, sollten immer auf ihre Instinkte vertrauen und sich von ihren inneren Gefühlen leiten lassen.

Der Venusring

Der Venusring ist ein Halbkreis, der unter der Basis der Finger und über der Herzlinie zu sehen sein kann (Abbildung Seite 122 d). Wenn er vorhanden ist, bedeutet er:

- schöpferische Begabung,
- extreme Sensibilität.

Bei einer vollständigen Linie kann die extreme Sensibilität in Mißtrauen oder sogar Paranoia umschlagen. Ist sie jedoch durchbrochen oder fragmentiert, zeigt sie, daß ein gutes Stück gesunder Menschenverstand die Sensibilität mäßigt und der Mensch anderen gegenüber empfänglich und mitfühlend ist.

Die Via Lasziva

Wenn die Via Lasziva vorhanden ist (Abbildung Seite 122 e), berichtet sie von:

- körperlicher Empfindlichkeit,
- Empfänglichkeit für allergische Reaktionen.

Menschen mit diesem Merkmal sollten vorsichtig sein mit Chemikalien, Alkohol, Tabak, Drogen oder anderen Allergenen und ganz generell mit ihrer Ernährung, da sie möglicherweise gegen irgendeine Substanz allergisch sind. Das Vorhandensein dieser Linie kann auch ein Suchtpotential anzeigen. Heutzutage ist die Via Lasziva unter dem Namen Allergielinie bekannt.

Die Samariterlinien

Die Samariterlinien finden sich auf dem Merkurberg unter dem kleinen Finger (siehe Abbildung Seite 122 f). Sie bestehen aus einer Reihe von drei oder mehr kurzen senkrechten Linien, die von einer Linie waagrecht gekreuzt werden. Wenn sie auftreten, bedeuten sie:

- eine natürliche Heilbegabung,
- Empathie,
- eine großartige Art, mit Kranken umzugehen.

Nicht jeder Mensch im ärztlichen Fach hat dieses Zeichen, und es wenden sich durchaus nicht alle Besitzer dieses Zeichens medizinischen Berufen zu. Viele, die damit ausgestattet sind, haben eine beruhigende mitfühlende Natur und häufig eine ruhige und gelassene Ausstrahlung. Andere machen aktiven Gebrauch davon, wenn nicht im ärztlichen, pflegerischen oder tierärztlichen Bereich, dann als Berater oder in der Hilfe für Bedürftige. Andere entdecken, daß sie »eine gerunzelte Stirn glätten« oder schmerzleidenden Lebewesen, besonders kleinen Kindern und Tieren, aktiv helfen können, indem sie einfach mit ihren Händen über sie streichen. Das ist eine besondere und wunderbare Gabe. Diejenigen, die sie besitzen, sollten alles ihnen Mögliche tun, um sie zu entwickeln und therapeutisch zu nutzen.

Der Salomonring

Der Salomonring (siehe Abbildung Seite 122 g) ist eine kleine halbkreisförmige Zeichnung rund um die Basis des Zeigefingers. Wenn sie vorhanden ist, zeigt sie:

- Weisheit,
- Verständnis,
- ein ausgewogenes Urteilsvermögen.

Der Saturnring

Diese halbkreisförmige Zeichnung ist, falls vorhanden, um die Basis des Mittelfingers herum zu sehen (siehe Abbildung Seite 122 h). Das ist ein ausgesprochen ungewöhnliches Merkmal. Es bedeutet:

- eine negative Haltung,
- eine Zeit der Enttäuschung.

Dieses Zeichen kann kommen und gehen, schwächer werden und ganz verschwinden. In der Regel ist es zu sehen, wenn Menschen gegen ein Gefühl der Frustration ankämpfen, gegen das Gefühl, daß ihre Füße festgenagelt sind, egal was sie tun. Sie fühlen sich, als ob sie für alle Zeiten festgehalten werden, so daß ihre Bemühungen kaum etwas bewirken. Langzeitbesitzer eines Saturnringes können eine sehr bittere und extrem zynische Haltung dem Leben gegenüber einnehmen.

Die Sympathielinien

Dabei handelt es sich um eine Reihe schräger Linien auf dem Jupiterberg unter dem Zeigefinger (siehe Abbildung Seite 122 i). Dieses Merkmal steht für:

- ein großes Verständnis für Menschen und Lebensweisen,
- Sympathie,
- menschliche Wärme.

Linien auf den Fingerspitzen

Auf den Fingerspitzen können sich von Zeit zu Zeit sowohl waagrechte als auch senkrechte Linien entwickeln (siehe Abbildung Seite 122 j). Waagrechte Linien sind ein Zeichen für Streß und Anspannung, die in der Regel zusammen mit dem Anschwellen und Abklingen des Drucks kommen und gehen. Durch die einfache Feststellung, auf welchem Finger bzw. auf welchen Fingern sich die größte Konzentration der Linien befindet, ist es möglich, Quelle und Natur der individuellen Probleme zu erfassen.

Zahlreiche waagrechte Linien auf dem Zeigefinger würden auf Sorgen bezüglich des Egos oder der Stellung des Menschen im Leben hinweisen. An dieser Stelle können sich berufliche Probleme widerspiegeln. Linien am Mittelfinger zeigen Ängste, die mit dem Gefühl für die eigene Sicherheit, dem Besitz oder dem Heim zu tun haben. Am Ringfinger weisen die Linien auf persönliches Unglück hin: ein Gefühl mangelnder Erfüllung und allgemeiner Unzufriedenheit. Viele waagrechte Linien auf der Spitze des kleinen Fingers sind ein Zeichen dafür, daß man sich um die eigenen Fähigkeiten oder den eigenen Selbstausdruck Sorgen macht. Gelegentlich können Linien an dieser Stelle auch auf Probleme in den sexuellen Beziehungen der Person hinweisen.

Senkrechte Linien sind eine völlig andere Angelegenheit. Diese Bereiche der Hand stehen mit dem endokrinen System in Verbindung. Deshalb können solche Zeichnungen Indikatoren für Unausgewogenheiten im hormonellen Bereich darstellen, und zwar in Abhängigkeit davon, welcher Finger am stärksten betroffen ist. Es müssen noch mehr Forschungsergebnisse auf diesem Gebiet gesammelt werden, bevor irgendwelche wirklich endgültigen Beweise erbracht werden können.

Im Moment geht man davon aus, daß der Zeigefinger der Hirnanhangsdrüse entspricht. Senkrechte Linien hier könnten also auf eine Fehlfunktion dieser Drüse hinweisen. Am Mittelfinger wecken die Linien einen Verdacht in bezug auf die Zirbeldrüse. Beim Ringfinger geht man von einer Verknüpfung mit der Thymusdrüse aus. Senkrechte Linien auf der Spitze des Ringfingers sind auch oft in den Händen von Menschen mit einer Blutdruckfehlfunktion zu finden (entweder zu hoch oder zu niedrig, abhängig von der Krankengeschichte der Person). Am kleinen Finger stehen die senkrechten Linien mit der Schilddrüse in Verbindung. Hier zeigen sich Schilddrüsenunter- bzw. -überfunktionen.

Der Familienring

Das ist eine gekrümmte Linie rund um die Daumenbasis (siehe Abbildung Seite 122 k). Jede Traumalinie, die von hier ausgeht, über den Venusberg oder die Marsberge verläuft und die Lebenslinie schneidet, wäre ein Zeichen für Probleme, die in unmittelbarer Verbindung mit den eigenen Eltern oder nahen Verwandten stehen.

Die Raszetten

Die Raszetten sind Armbänder am Handgelenk. Starke gutgeformte Raszetten sollen ein Zeichen für eine gute Konstitution sein (siehe Abbildung Seite 132 a). Wenn sich die oberste Raszette in den Bereich der Handflläche hinein ausbeult (siehe Abbildung Seite 132 b), könnte das auf eine Empfindlichkeit der inneren Organe hinweisen: bei Frauen besonders auf Probleme gynäkologischer und bei Männern urologischer Art.

Inseln, Querlinien, Rechtecke und Sterne

Inseln. Jede Insel, die auf einer Linie auftritt (siehe Abbildung Seite 133 a), berichtet uns von irgendeiner Form der Schwächung oder von Problemen, die mit dem von dieser Linie repräsentierten Gebiet verknüpft sind. Eine Insel auf der Kopflinie ließe auf Sorgen schließen, während sie auf der Lebenslinie Krankheit oder eine Schwächung der Konstitution bedeuten würde.

Querlinien. Eine Linie, die eine Hauptlinie kreuzt (siehe Abbildung 133 b), stellt in der Regel eine zeitweilige Barriere dar, wie beispielsweise Widerstände, Behinderungen oder bestimmte Störungen des normalen Verlaufs der Dinge. Die Natur des Problems zeigt sich oft im Lichte von Faktoren an anderen Stellen der Hand, die zur gleichen Zeit auftreten.

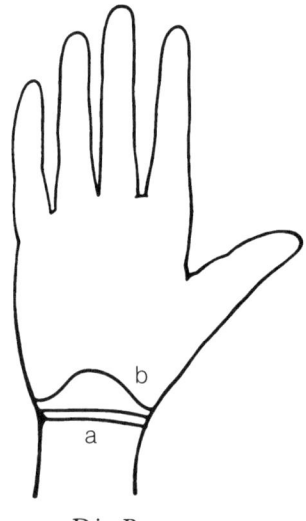

Die Raszetten

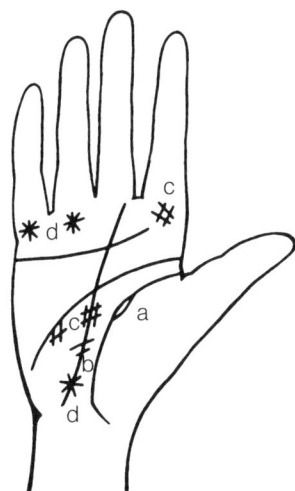

Inseln, Querlinien, Rechtecke und Sterne

Rechtecke. Rechtecke (Abbildung Seite 133 c) sind meistens Schutzzeichen. Sie repräsentieren Puffer oder dämpfende Effekte gegen die unerfreulichen oder schädlichen Ereignisse, die sich in der Hand niederschlagen. So würde beispielsweise ein Rechteck, das einen Bruch in der Lebenslinie umgibt, auf eine Form des Schutzes gegen mögliche Unfälle oder Gefahren hinweisen.

Das Rechteck ist auch ein Indikator für Zeiten harter Arbeit, in denen der Mensch dazu aufgerufen ist, große Anstrengungen zu unternehmen. In diesem Fall liegt die Rechteckzeichnung nicht *über* der Linie, sondern *berührt* sie. Ein solches Merkmal findet sich vermutlich eher an der Kopf- oder an der Schicksalslinie. Die Anwendung der Zeitmessung, die wir auf den Seiten 116–120 erörtert haben, verschafft uns einen Eindruck davon, wann die Periode der Anstrengungen beginnt und wie lange sie dauern wird.

Menschen mit diesem Zeichen in ihren Händen werden merken, daß sie während dieser Zeit harter Arbeit vermutlich mit Frustration und einem Gefühl der eigenen Begrenztheit zu kämpfen haben. Sie tun gut daran, den ganzen Zeitabschnitt als wertvolle Lernerfahrung zu behandeln. Es gilt, den Kopf oben zu behalten, konstruktiv zu sein, die Anstrengungen zu bündeln und das Wissen zu festigen. Manchmal wird es Zeiten geben, in denen sie das Licht am Ende des Tunnels nicht sehen können. Doch sie müssen darauf vertrauen, daß es existiert und daß sie es zu gegebener Zeit sehen werden. Auf diese Weise bauen sie Stein für Stein die Basis für ihre Zukunft.

Wenn das Rechteck die Schicksalslinie berührt, konzentrieren sich die Anstrengungen auf Karriere, Beruf und Verantwortung. Berührt es die Kopflinie, dann hat die Arbeit wahrscheinlich mehr mit der geistigen, emotionalen oder spirituellen Entwicklung der Person zu tun.

Es gibt noch ein weiteres Rechteck mit einer von den beiden anderen völlig abweichenden Bedeutung. Man findet es auf dem Jupiterberg unter dem Zeigefinger. Es ist unter dem Namen »Rechteck des Lehrers« bekannt. Wie der Name vermuten läßt, verrät es eine natürliche Befähigung, anderen Wissen zu vermitteln. Nicht alle Menschen mit diesem Zeichen werden Lehrer, und nicht alle Lehrer haben dieses Zeichen in ihrer Hand. Aber die, bei denen es vorhanden ist, haben eine wundervolle Art, anderen etwas beizubringen, besonders Kindern.

Sterne. Kleine Kreuzlinien, die die Form eines Sterns bilden, können entweder auf einer Hauptlinie auftreten oder unabhängig auf einem der Berge in der Handfläche stehen (siehe Abbildung Seite 133 d). Als allgemeine Regel gilt: Ein Stern auf einer Linie ist ein Zeichen für einen Schock oder ein unvorhergesehenes Ereignis, unabhängig auf einem Berg kann er Erfolg bedeuten.

Ein Stern auf der Kopflinie zum Beispiel, kann für eine Zeit geistiger Krisen stehen: eine plötzliche Sorge oder vielleicht eine Schädelverletzung. Auf der Schicksalslinie könnte er ein unerwartetes oder möglicherweise erschreckendes Ereignis bedeuten. Fälle von geistigem Zusammenbruch sind mit Sternen auf dieser Linie in Verbindung gebracht worden. Auf der Lebenslinie könnte ein Stern auf einen Unfall hinweisen.

Die Ausnahme von dieser Regel ist ein Stern auf der Sonnenlinie. Er ist kein Vorbote eines unangenehmen Schocks, sondern ein Hinweis auf eine Überraschung von der Art, die Menschen Glück oder Zustimmung bringt. Ein Erfolg über Nacht, die Verleihung eines hohen Ordens, die Präsentation eines eigenen Gemäldes in der wichtigsten Ausstellung oder der Aufstieg zum Bestsellerautor – all das könnte sich in so einem Zeichen widerspiegeln.

Ein Stern, der stolz seinen Platz auf einem Berg behauptet, bedeutet Erfolg in dem Bereich, der von diesem Teil der Hand repräsentiert wird, und muß entsprechend gedeutet werden. Ein Stern auf dem Jupiterhügel allerdings ist ein außergewöhnliches Zeichen des Glücks, denn er sagt ein erfolgreiches Leben voraus.

Hand in Hand
Wer passt zu wem?

Die Hände der Menschen sind einzigartige Spiegel ihrer Gefühle. Die Zeichen in den Händen verraten nicht nur, wie zwei Menschen miteinander umgehen, sondern liefern auch Hinweise zur Einschätzung ihrer Verträglichkeit und ihrer Chancen für eine glückliche Beziehung.

Die Hinweise dafür liegen in unterschiedlichen Bereichen der Hand. Indem man sich durch die folgenden sechs Stufen hindurcharbeitet, werden die Informationen Stück für Stück zusammengetragen, bis ein komplettes Profil des Paares aufscheint.

Stufe 1: Verträglichkeit der Handformen

Die Form der Hand legt die Grundgestalt des individuellen Charakters fest. Menschen mit ähnlichen Handformen werden also dieselbe Grunddisposition aufweisen. Wenn man bedenkt, daß Gegensätze sich anziehen, dann gibt es verschiedene Handtypen, die aufgrund ihrer sich ergänzenden Naturen extrem gut zusammenpassen. Ließe man jedoch andere über längere Zeit zusammen, würden schlicht und einfach die Fetzen fliegen!

Erde und Erde. Zwei Erdtypen passen im allgemeinen gut zueinander und können ein solides, einiges, praktisches, vernünftiges und hart arbeitendes Paar abgeben. Sturheit, zu wenig Phantasie und ein Mangel an Spontaneität schlägt auf der Minusseite dieser Beziehung zu Buche.

Erde und Luft. Erdtypen sind solide und lieben die Routine. Beides trifft nicht auf Lufttypen zu! Allerdings sind

Menschen mit Lufthänden anpassungsfähig und erfinderisch, so daß sie in dieser Verbindung einen glücklichen Kompromiß finden können. Der praktische und gesunde Menschenverstand des Erdpartners könnte konstruktiv dazu beitragen, die phantasievollen Ideen des Luftpartners zu verankern und zu kanalisieren. Genauso könnte der Lufttyp seinen andernfalls recht sturen Parter ein wenig in Schwung bringen. Es besteht aber immer die Gefahr, daß die Erde die Luft frustrieren wird, während die unersättliche Neugier der Luft auf das Leben den Erdpartner zur Raserei bringt.

Erde und Feuer. Schon was das Energieniveau angeht, kämen die beiden sicherlich gut zurecht. Sie sind beide unablässig in Bewegung, aktiv und biberfleißig, und wenn der Feuerpartner auch mehr an schöpferischer Vorstellungskraft aufweisen kann, so könnte doch der erdhändige Partner die Umsetzung in die Praxis beisteuern. Andererseits könnte das Feuer den Erdpartner überreizen und ausbrennen, und die Erde könnte die Lebensfreude des Feuers mit einem Schlag auslöschen.

Erde und Wasser. Das ist vielleicht die verhängnisvollste Kombination von allen. Die starren Einstellungen des Erdpartners können die feinen Empfindungen und die ätherischen Qualitäten des Wassertyps völlig aufheben. Auf der anderen Seite würden die Kapriolen des Wassers vermutlich an der Logik und dem Realismus des erdhändigen Partners zerren.

Luft und Luft. Beide passen zusammen, der eine wird den anderen stimulieren und anstacheln.

Luft und Feuer. Das sind ebenfalls kompatible Typen, beide besitzen einen lebhaften Geist und eine schwungvolle Einstellung.

Luft und Wasser. Die Luft ist emotionell zu kühl und distanziert für das romantische Wasser, und das Wasser ist zu anhänglich für die unabhängige Luft. Aber wenn sie sich auf einer schöpferischen und künstlerischen Ebene treffen, gibt es eine gute Chance zur Verständigung.

Feuer und Feuer. Passen gut zusammen. Beide sind rastlos und erfinderisch und können die Vorstellungskraft des anderen anstacheln. Allerdings können Rivalität und Konkurrenz die Dinge zwischen ihnen verderben. Beide stehen gern im Rampenlicht, beide brauchen Schmeicheleien. Wenn jeder für die Bedürfnisse des anderen Verständnis hat, wird die Beziehung gut funktionieren. Wenn nicht, werden wahrscheinlich beide, ohne Zeit zu verschwenden, nach einem Partner suchen, mit dem es klappt.

Feuer und Wasser. Eine sehr gute Beziehung.

Wasser und Wasser. Diese beiden würden sich sicherlich sehr gut verstehen. Sie könnten um sich herum eine wunderbare Phantasie- und Märchenwelt aufbauen, die aber wenig mit der Wirklichkeit zu tun hätte. Man fragt sich, ob in diesem Haushalt jemals ein Einkauf getätigt und die Rechnungen bezahlt würden.

Stufe 2: Vergleich von Fingerform und -länge

Nun wollen wir die Finger und die Daumen hinsichtlich ihrer Ähnlichkeiten und Unterschiede vergleichen. Form und Länge der Finger verraten uns die Einstellung eines Menschen zum Leben und zur Arbeit.

Lange und lange Finger. Beide gehen mit Umsicht und Methode an die Arbeit und geben sich geduldig Details und Kleinigkeiten hin. Vielleicht wird man hier ein wenig Spontaneität vermissen.

Kurze und kurze Finger. Beide haben eine schnelle, instinktgeleitete und intuitive Art, mit dem Leben umzugehen. Die Feinheiten und Einzelheiten der Alltagsbewältigung werden möglicherweise einfach über Bord geworfen oder überhaupt nicht zur Kenntnis genommen.

Lange und kurze Finger. Eine hervorragende Kombination, wenn es den Partnern gelingt, harmonisch zusammenzuarbeiten, andernfalls möglicherweise eine explosive Sache. Wenn die beiden als Team kooperieren, gibt der kurzfingerige Mensch den wunderbaren Organisator ab, der großartige Pläne schmiedet und Projekte zum Laufen bringt. Der Partner mit den langen Fingern kann dann übernehmen und die Details einfügen, während die kurzen Finger das nächste Projekt angehen. Wenn die beiden nicht auf einen Nenner kommen, dann liegt es daran, daß der eine zu heikel und der andere zu impulsiv ist.

Schmale und dicke Finger. Schmalfingerige Menschen haben stärkere spirituelle Neigungen als ihre dickfingerigen Freunde, die erdgebundener und materialistischer sind. Die schmalen Finger haben auch die richtige Philosophie, um in harten Zeiten den Gürtel enger zu schnallen. Die dicken Finger dagegen würden ohne ihre materielle Sicherheit leiden. Vielleicht könnte ihnen ein wenig »dünnfingerige« Philosophie das Leben in härteren Zeiten leichter machen. Und die volleren Finger könnten ihre asketischen Freunde etwas milder stimmen.

Knotige und glatte Finger. Diese beiden könnten sich gegenseitig aufregen. Die glattfingerigen Leute empfinden die langen Überlegungen der anderen als frustrierend und haben oft das Bedürfnis, eine Antwort aus ihnen herauszuschütteln. Die Partner mit den knotigen Fingern wiederum wünschen sich, ihre Gegenüber würden einen Moment innehalten und nachdenken, bevor sie so offensichtlich leichtfertig ihren Mund aufmachen.

Schwache und starke Daumen. Je stärker der Daumen, desto mehr Willensstärke und Dominanz besitzt diese Persönlichkeit. Je schwächer der Daumen, desto schwächer der Charakter. Deshalb könnten Menschen mit stärkeren Daumen ihre Kraft und Dominanz über andere, weniger entschlossene Typen ausnutzen. Es ist natürlich gut möglich, daß die mit den schwächeren Daumen es vorziehen, von den anderen geführt zu werden, besonders wenn es ihnen an Selbstvertrauen fehlt.

Weitgespreizte und enggehaltene Finger. Die weiter gespreizten Finger bedeuten eine offenere und extravertiertere Persönlichkeit. Menschen mit enggehaltenen Fingern sind eher zurückgezogen, reserviert und introvertiert. Hier können Probleme aus der Tatsache heraus entstehen, daß die ersteren offen, großzügig und gesellig sind, die letzteren hingegen kritisch, argwöhnisch und hartnäckig.

Stufe 3: Die Abstimmung der Fingerabdrücke

Einander ergänzende oder zusammenpassende Fingerabdrücke tragen zum reibungslosen Verlauf einer Partnerschaft bei, weil sie die grundlegende Natur der Partner enthüllen und klären, ob die beiden auf bestimmte Situationen ähnlich reagieren.

Wirbel und Schleifen. Wirbel sind die festgelegtesten unter den Fingerabdrucktypen. Sie brauche extrem lange, um ihre Entscheidungen zu treffen. Schleifen sind im Gegensatz dazu schnell und intuitiv und brauchen den Reiz der Veränderung. Konsequenterweise werden sich diese beiden gegen den Strich gehen. Dazu kommt noch, daß Menschen mit Wirbelmustern das Bedürfnis haben, die Dinge zu bestimmen und zu kontrollieren. Nur die Anpassungsfähigkeit und die fügsame Natur der Schleifen könnte die Lage noch retten.

Wirbel und Bögen. Eine gute Verbindung. Die Bögen sind so gutmütig, daß sie sich mit allem anfreunden können, und die Wirbel fühlen sich mit den Bögen sehr wohl, weil sie wissen, daß ihre individualistische Einstellung nicht herausgefordert wird.

Wirbel und zusammengesetzte Formen. Das kann funktionieren, weil beide für ihre Entscheidungen Zeit brauchen. Die Festigkeit der Wirbel könnte dem Menschen mit den zusammengesetzten Formen zu größerer Entschlußkraft verhelfen.
Schleifen und Bögen. Eine wundervoll sanfte und liebevolle Partnerschaft.
Schleifen und zusammengesetzte Formen. Durchaus keine schlechte Verbindung. Beide sind ziemlich unbeständig, und jeder ist bereit, den anderen zu verstehen.
Bögen und zusammengesetzte Formen. Auch das ist ein verständnisvolles und einfühlendes Paar.

Stufe 4: Der Vergleich der Herzlinien

Die Informationen aus dem Vergleich der Herzlinien zweier Personen verraten einiges über die Vereinbarkeit ihres Gefühlslebens. Illustrationen der unterschiedlichen Typen von Herzlinien finden Sie in der Abbildung auf Seite 107.
Die Linie endet zwischen Zeige- und Mittelfinger. Eine solche Konstellation bedeutet warmherzige und großzügige Gefühle. Es fällt diesen Menschen aber sehr schwer, ihre Gefühle in Worten auszudrücken. Statt dessen neigen sie dazu, ihre Emotionen durch liebevolles Handeln zum Ausdruck zu bringen. Partner mit diesem Merkmal brauchen eine geduldige und liebevolle Sonderbehandlung, damit sie sich verbal öffnen und ihre innersten Gefühle mitteilen.
Die Linie endet am Jupiterberg. Das sind die idealistischen Typen, die zu unrealistischen Vorstellungen in punkto Beziehungen neigen. Sie sehen Liebe und Ehe durch die rosarote Brille und genießen romantische Träume von Ritterzügen und höfischer Minne. Sie können sehr anhänglich sein und sind durch ihren Idealismus außerordentlich an-

greifbar und leicht zu verletzen. Wenn ihre romantischen Phantasien jedoch geduldet werden, geben diese Menschen treue und liebevoller Partner ab. Je höher die Linie auf den Berg hinaufreicht, desto eifersüchtiger und besitzergreifender ist die betreffende Person.

Die Linie verläuft geradeaus bis zur Daumenseite. Bei diesen Menschen kommt die Arbeit zuerst, und alles bzw. jeder andere muß sich dem unterordnen. Sollte Ihr Partner eine solche Linie besitzen, dann stellen Sie sich darauf ein, die zweite Geige zu spielen.

Die Linie verläuft gerade, endet aber unter dem Mittelfinger. Hier wartet ein starker Sexualtrieb. Wenn es jedoch um aufrichtige Zuneigung und persönliche Bindung geht, ist nicht mehr viel Hitze vorhanden. Seien Sie gewarnt!

Die Vier-Finger-Furche. Sie ist immer ein Zeichen emotioneller Intensität. In einer Beziehung sind Menschen mit einer Vier-Finger-Furche eifersüchtig und besitzergreifend. Vergeben und Vergessen gehört mit Sicherheit nicht zu ihrem Repertoire. Partner mit diesem Merkmal erwarten hundert Prozent Treue und Vertrauen. Ohne eine solche totale Hingabe wird sich die Partnerschaft als stürmisch und unhaltbar erweisen.

Stufe 5: Der Vergleich der Kopflinien

Hat ein Paar ähnliche Interessen und Einstellungen? Teilen die Partner die gleiche Lebensphilosophie und die gleiche Perspektive? Je ähnlicher sie sich in ihrem Denken und in ihrem Geschmack sind, desto reibungsloser wird ihre Beziehung vermutlich funktionieren. Ein Vergleich der Kopflinien wird enthüllen, wie sie intellektuell zusammenpassen. Eine graphische Darstellung der unterschiedlichen Kopflinientypen finden Sie auf Seite 86.

Die gerade Kopflinie. Je gerader diese Linie über die Handfläche läuft, desto logischer und analytischer ist die Mentalität. Solche Menschen sind die geborenen Pragmatiker, sie haben eine nüchterne und ziemlich materialistische Weltanschauung. Geschäft, Finanzen, Technik, Wissenschaft, Mathematik und alle Dinge der Praxis interessieren sie. Partner mit dieser Linie bringen eine rationale Einstellung in die Beziehung.

Die gekurvte Kopflinie. Je kurviger die Linie verläuft, desto schöpferischer, künstlerischer, toleranter und offener ist die Einstellung. Menschen mit diesem Linientyp bringen eine weite, nach außen orientierte Sichtweise in die Beziehung.

Die extrem kurvige Kopflinie. Eine Linie, die in einer extremen Kurve verläuft und bis hinunter zum Mondberg reicht, läßt auf eine überaktive Phatasie schließen, auf jemanden, der möglicherweise launisch ist, und in extremen Fällen auf einen manisch-depressiven Menschen. Ein praktischer, ausgeglichener und nüchterner Partner könnte einer solchen Person helfen, ihre Energien bestmöglich zu bündeln und auszubalancieren.

Die Vier-Finger-Furche. Sie bedeutet Intensität. Diese Menschen sind eifersüchtig und besitzergreifend. Sich mit ihren fixen Ideen abfinden zu müssen, kann eine Beziehung belasten.

Stufe 6: Heiraten

In der Hand gibt es bestimmte Linien, die besondere Hinweise auf Heirat und Liebesaffären geben, nämlich die Schicksalslinie und die Einfluß- und Partnerschaftslinien (siehe Abbildung auf Seite 113). Zweige, die vom Mondberg ausgehen und dann mit der Schicksalslinie verschmelzen, sind anerkannte Zeichen für Beziehungen. Sie sind unter dem Namen Einflußlinien bekannt. Zusammen mit ihrer Wirkung auf die Schicksalslinie selbst bestimmt die Struktur dieser Zweige die Qualität der fraglichen Beziehung.

Wenn Zweig und Schicksalslinie nach der Verschmelzung durchbrochen oder von Inseln durchsetzt sind, ist die Beziehung ziemlich schwierig und mit Problemen beladen. Sollte die Schicksalslinie anschließend stärker werden, so bedeutet das, daß die Schwierigkeiten überwunden werden. Wenn der Zweig tatsächlich mit der Schicksalslinie verschmilzt, dann gilt der Punkt der Vereinigung als die Zeit, in der sich die Beziehung konsolidiert, sei es in der Ehe oder in sonst irgendeiner Art von fester Bindung. Wenn der Zweig die Linie gar nicht berührt oder sie gar kreuzt, steht das für ein ziemlich verhängnisvolles oder unglückliches Ende der Affäre. Zum Beispiel könnte ein solches Zeichen vorhanden sein, wenn der gewählte Partner am Hochzeitstag erst gar nicht vor der Kirche auftaucht. Man kann diese Ereignisse zeitlich gut bestimmen, indem man die Skala auf der Schicksalslinie abliest (siehe Abbildung auf Seite 119).

Die Qualität der Schicksalslinie nach dem Auftreten einer Einflußlinie spiegelt die Wirkung der Beziehung auf den Menschen wider. Eine starke Fortsetzung der Hauptlinie bedeutet einen positiven Effekt; sollte die Linie noch stärker werden als vorher, dann ist diese Beziehung für den Menschen enorm förderlich. Sollte sich die Schicksalslinie allerdings verschlechtern, etwa durch Inseln, Schwächungen, Ausfransen oder Querlinien, so ist das ein Zeichen dafür, daß die Beziehung Komplikationen und Widerstände mit sich bringt. Wenn die Linie nach der Vereinigung mit der Einflußlinie abbricht und an anderer Stelle neu beginnt, so zeigt dies, daß die Beziehung für die betroffene Person eine völlig neue und andere Lebensweise mit sich bringt (siehe Abbildung Seite 145 a).

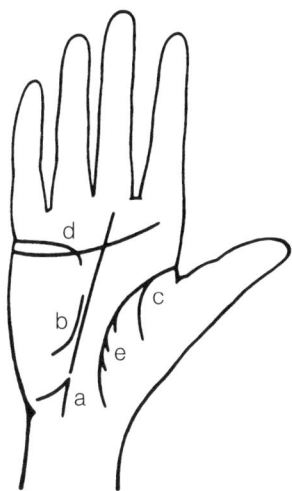

Partnerschaftslinien

Manchmal kommt eine Linie vom Mondberg her, vereinigt sich aber nicht mit der Schicksalslinie, sondern läuft parallel neben ihr her (Abbildung oben b). Diese Konstellation weist ausnahmslos auf eine hervorragende Beziehung hin, die auf dem Grundsatz der Partnerschaft aufgebaut ist. Manchmal sind auch geschäftliche Partnerschaften in dieser Weise gekennzeichnet.

Beziehungslinien können auch auf der Innenseite der Lebenslinie auftreten und parallel zu ihr verlaufen (Abbildung oben c). Je stärker diese Linie ist, desto wichtiger ist die Beziehung. Die Länge der Linie ist nicht notwendigerweise ein Hinweis auf die Dauer der Beziehung, sie gibt aber eine Reihe von Hinweisen über ihren Einfluß auf die Person.

Man sagte früher, daß an der Handkante genau unter dem kleinen Finger waagrechte Hochzeitslinien auftreten können. Die Forschung hat diese Theorie widerlegt. Solche Liniengruppen finden sich auch in den Händen von

Personen, in deren Leben es nur eine einzige Ehe gab, die das ganze Leben lang hielt. Eine Verlängerung einer dieser Linien in die Handfläche hinein und über die Herzlinie hinweg könnte allerdings bedeuten, daß der Mensch seinen Partner überlebt (Abbildung Seite 145 d).

Genauso irrig ist die Annahme, daß senkrechte Linien, die diese sogenannten Hochzeitslinien schneiden, Kinder bedeuten. Viele solcher Linien sind in den Händen von Menschen beobachtet worden, die nie eigene Kinder hatten, die aber in ihrem Leben in irgendeiner Form der Beziehung zu Jugendlichen standen, zum Beispiel Lehrer oder Lieblingstanten bzw. -Onkel. Es ist möglich, Kindersegen in der Hand zu erkennen, und zwar als kleine Zweige, die von der Innenseite der Lebenslinie nach unten verlaufen (Abbildung Seite 145 e). Und wieder lassen sich diese Ereignisse und Einflüsse zeitlich anhand der Zeitskala auf der Lebenslinie bestimmen.

Gesundheit, Wohlstand und Glück

Die neuere medizinische Forschung bestätigt, was die alten Handleser seit Jahrhunderten wußten: Die Hand kann eine wertvolle Hilfe für die medizinische Diagnose darstellen. Man kann die Hände als Karten benutzen, die ein Bild der physiologischen und genetischen Natur ihrer Besitzer zeigen und damit potentiell reichhaltige Indikatoren für Gesundheit und Wohlbefinden darstellen. Hinweise auf den Gesundheitszustand lassen sich in der Hand schon frühzeitig erkennen, was dem Menschen die Möglichkeit gibt, etwas zur Vorsorge zu tun und damit unter Umständen zu vermeiden, daß die Krankheit sich zu einer ernsthaften oder chronischen Störung auswächst.

Es gibt drei Grundbereiche, denen das geschulte Auge die unterschiedlichen Hinweise auf den Gesundheitszustand entnehmen kann:

- Temperatur und Färbung von Haut und Nägeln,
- Gestalt, Aufbau und Form der Linien,
- Muster und Zustand der Fingerabdrücke und der Hautleisten im gesamten Bereich der Handfläche.

Im Idealfall hat eine gesunde Hand eine gleichmäßige Temperatur und Färbung, wobei die Handinnenfläche etwas heller und rosiger ist als der Handrücken. Die Nägel sind glatt und frei von waagrechten oder senkrechten Linien, Grübchen oder farbigen Flecken. Sie sollten eine rosige Färbung haben, über die ganze Länge des Nagelbettes elastisch sein und cremefarbene Monde aufweisen. Alle Hautleisten sind klar und scharf, und die Fingerabdrücke sind nicht durch Querlinien auf den Fingerspitzen undeutlich gemacht. Sowohl die großen als auch die kleineren Linien sind vorhanden, deutlich eingegraben und klar abgegrenzt. Je weniger Inseln, Ketten, Querlinien und andere widrige Zeichen, desto besser.

Temperatur und Färbung der Hand

Wenn man die Temperatur einer Hand beurteilt, sollte man immer die Umgebungstemperatur in Rechnung stellen. So ist zum Beispiel eine heiße Hand an einem heißen Tag durchaus normal und sollte nicht notwendigerweise als ein Zeichen möglichen hohen Blutdrucks gewertet werden. In gleicher Weise muß man jede Aktivität berücksichtigen, die ein Mensch ausgeführt hat, bevor seine Hand gelesen wird. So bedeuten beispielsweise verschwitzte Hände im Anschluß an einen Aerobic-Kurs nicht automatisch eine allergische Überempfindlichkeit.

Wenn man das nicht aus den Augen verliert, können die beobachteten Temperaturen und Färbungen folgende Bedeutungen haben:

- kalt: schlechter Kreislauf,
- heiß: Neigung zu Fieber,
- trocken, heiß und rauh: Störung des Blutdrucks (möglicherweise zu niedrig),
- heiß und feucht: Störung des Blutdrucks (möglicherweise zu hoch),
- heiß und klamm: allergische oder toxische Reaktion,
- kalt und klamm: Schock,
- blaue Tönung: mögliche Unregelmäßigkeiten im Bereich der Herzkranzgefäße,
- extrem weiße Färbung: Blutarmut,
- gelbe Färbung: Gelbsucht, Gallen- oder Leberprobleme.

Die Fingerabdrücke

Die neuere medizinische Forschung wirft ein interessantes Licht auf Fingerabdrücke und Hautleistenmuster. Studien haben bereits bestätigt, daß Finger- und Handabdrücke vererbt sind. Wir wissen auch, daß alle Entwicklungsprobleme der ersten Wochen des embryonalen Wachstums sich in den Hautzeichen der Hand niederschlagen. Auf diese Weise spiegeln sich genetische oder angeborene Fehlbildungen in den Fingerabdrücken und in den Linienmustern der Handflächen wider.

Auf diesem Gebiet sind schon zahlreiche Forschungen durchgeführt worden. Es wurden enge Verbindungen festgestellt zwischen bestimmten Hautmustern und Zuständen wie dem Down-Syndrom, dem Turner-Syndrom und dem Klinefelter-Syndrom, die alle das Ergebnis angeborener Defekte und genetischer Abnormalitäten sind. Abdruck 11 auf Seite 89 zeigt die Hand eines Menschen mit Down-Syndrom. Andere Krankheitsbilder, wie beispielsweise Autismus und kindliche Schizophrenie, werden ebenfalls in dieser Hinsicht untersucht.

Die Studien scheinen zu zeigen, daß es deutliche Unterschiede zwischen den Hautmustern von Menschen mit genetischen Störungen und den Mustern in normalen Händen gibt. Im allgemeinen sind die Fingerabdrücke weniger komplex als in einer normalen Hand. Unter Umständen sind die Bögen stärker vertreten. Das ist besonders bei autistischen Kindern der Fall. Darüber hinaus können die Hautlinien schlecht gebildet oder häufiger durchbrochen sein als im Normalfall. Bei Mongolismus oder Down-Syndrom findet sich eine überdurchschnittliche Anzahl von Mustern auf der hypothenaren Erhöhung, also auf dem Mondberg. Auf den Spitzen von Ring- und kleinem Finger tritt eine deutlich größere Zahl radialer Schleifen auf. Radiale Schleifen sind zur Daumenseite hin geschwungen, im

Gegensatz zu ulnaren Schleifen, die zur Handkante hin verlaufen (siehe Abbildung unten).

Möglicherweise werden Ärzte durch weitere Untersuchungen auf diesem Gebiet in die Lage versetzt, Fingerabdrücke und Hautleistenmuster als Hilfe für die genetische Beratung zu nutzen.

Gegenwärtig zeigen neue Forschungen eine Verbindung zwischen bestimmten Fingerabdruckmustern und Herzkrankheiten. Wissenschaftler haben eine Korrelation zwischen dem Vorherrschen des Wirbelmusters und hohem Blutdruck sowie Herzproblemen entdeckt. Diese Verbindung gibt zu der Vermutung Anlaß, daß Menschen mit einem hohen Anteil an Wirbeln ein überdurchschnittliches Risiko mit sich herumtragen, Krankheiten der Herzkranzgefäße zu entwickeln.

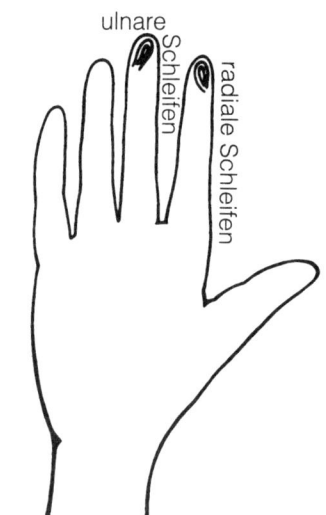

Schleifenförmige Fingerabdrücke

Die Nägel

Die Nägel können ausgezeichnete Indikatoren für den Gesundheitszustand sein. Im Durchschnitt braucht ein Nagel sechs Monate, um von der Nagelhaut bis zum oberen Rand des rosigen Nagelbettes zu wachsen. Das Nachwachsen der Nägel ist ein permanenter Vorgang. Jedes Trauma, sei es psychologischer oder physiologischer Natur, verursacht im Wachstumsprozeß eine Störung, die sich sofort in einer Verwerfungsspur auf dem Nagel niederschlägt.

Jede Rille, jedes Grübchen und jeder Fleck auf dem Nagel, die auf eine plötzliche Krankheit, einen Schock oder eine Form einseitiger Ernährung schließen lassen, können auch benutzt werden, um diese Vorfälle zeitlich zu bestimmen. Ein Beispiel: Wenn sich an der Grenze zum obersten Nageldrittel kleine Grübchen zeigen, gibt dies zu der Vermutung Anlaß, daß vor ungefähr vier Monaten – vielleicht aufgrund einer Blitzdiät, die die Person gemacht hat – die Ernährung einseitig und von den Nährstoffen her unausgewogen war.

Unfälle oder plötzliche Schocks können durch waagrechte Kerben auf dem Nagel repräsentiert sein. Das ist etwas ganz anderes als die senkrechten Kerben, die auf allergische Überempfindlichkeiten, aber auch auf bestimmte Krankheiten wie zum Beispiel Rheuma zurückzuführen sein könnten. Um diese Annahme zu bestätigen, müssen Sie die Via Lasziva oder Allergielinie betrachten. Sie begleitet diesen Typ der Kerbung oft und liefert die Bestätigung für die Empfindlichkeit der Person.

Farbe und Struktur der Nägel können ebenfalls wertvolle Hinweise auf die Gesundheit ihres Besitzers liefern.

- Außergewöhnlich weiße Nägel: mögliches Anzeichen für Blutarmut
- Rote Nägel: mögliche Unregelmäßigkeiten im System der Herzkranzgefäße

- Blaue Nägel: schechte Versorgung mit Sauerstoff, Atmungs- oder Herzschwächen
- Gekrümmte oder hakenförmige Nägel: Lungenschwäche, Atmungsprobleme
- Große Nagelhäute: allgemeiner Mangel an Mineralen
- Weiße Flecken: Unausgewogenheiten im Zinkhaushalt (verschärft durch emotionale Probleme)
- Grübchen, Dellen, konkave oder konvexe Nägel: Ernährungsprobleme, Ungleichgewichte bei den Mineralen und Vitaminen

Die Linien

Im Idealfall sollten die Linien gut eingegraben und kräftig strukturiert sein. Unterbrechungen lassen auf körperliche oder psychologische Veränderungen schließen. Inseln spalten die Energie der Linie, auf der sie zu finden sind, und weisen für die Dauer ihres Verlaufs auf eine Schwächung hin. Auf der Lebenslinie können sie sich als Minderung der körperlichen Kräfte manifestieren. Auf den anderen Linien treten sie als Zeiten der Sorgen, der Angst und der allgemeinen Probleme zutage. Kettungen stehen für Mineralmangel und Ungleichgewichte in der Körperchemie. Sie sollten weiter untersucht werden, damit man die hinter ihnen stehenden Krankheiten behandeln kann.

Besondere Erkrankungen

Allergien
Die individuelle Überempfindlichkeit gegen bestimmte Lebensmittel, Chemikalien, Drogen etc. ist ein äußerst interessantes Studiengebiet, das in zunehmendem Maße auf Interesse stößt. Die Hand liefert zwar keine Zauberformel

zur Entdeckung der Allergene, auf die eine Person reagiert, aber sie bietet ein Mittel, um die Menschen zu erkennen, bei denen eine überdurchschnittlich hohe Wahrscheinlichkeit für allergische Sensibilität besteht.

Zwei Bereiche in der Hand enthalten Hinweise auf allergische Empfindlichkeiten. Zum einen zeigen sie sich in Nägeln mit tiefen senkrechten Furchen, zum anderen in der Anwesenheit der Via Lasziva oder Allergielinie. Sie verläuft im unteren Drittel der Handfläche, kommt von der Handkante her und überquert den Mondberg auf ihrem Weg in Richtung Lebenslinie.

Probleme mit Augen, Zähne und Ohren
Alle Probleme mit den Augen, den Zähnen oder dem Gehör lassen sich auf oder über der Herzlinie entdecken. Eine Insel auf dieser Linie unmittelbar unter dem Ringfinger (Abbildung Seite 155 b) weist oft auf Sehstörungen hin. Wer eine solche Konstellation aufweist, sollte seine Augen regelmäßig überprüfen lassen.

Ein Bündel feiner Haarlinien unter dem Ring- und dem kleinen Finger gerade oberhalb der Herzlinie ist häufig ein Zeichen für Zahnprobleme (Abbildung Seite 155 c).

Eine Insel auf der Linie unter dem Zeige- oder Mittelfinger könnte Hörprobleme andeuten (Abbildung Seite 155). Es ist unter Umständen äußerst nützlich, dieses Zeichen bereits in der Hand eines Kindes zu entdecken, da solche Störungen oft medikamentös zu behandeln sind, wenn man frühzeitig damit beginnt.

Kopfschmerzen
Kopfschmerzen, Schwindel, Probleme mit den Nebenhöhlen und allgemeine Konzentrationsstörungen sind samt und sonders an der Kopflinie ablesbar. Migräne beispielsweise zeigt sich in kleinen Zahnungen der Linie (Abbildung Seite 155 d). Sie sehen aus wie Nadeleinstiche.

Wenn die Kopfschmerzen in regelmäßigen Anfällen auftreten, sind die Zahnungen meistens in Gruppen auf der Linie zu finden. Bei sporadischen Migräneattacken kommen sie nur vereinzelt vor. Sollte man eine Ansammlung dieser Punkte im Abschnitt der Zukunft entdecken, kann man möglicherweise vorbeugende Maßnahmen ergreifen.

Wenn die Linie sich an irgendeinem Punkt verbreitert und zerfasert, spiegelt sie eine Periode wider, in der es an klarem Denken fehlt, in der ein bemerkenswerter Konzentrationsverlust und gelegentlich auch Schwindelanfälle auftreten (Abbildung Seite 155 e). Diese Zustände können auf Ängste und Sorgen zurückzuführen sein, die möglicherweise von beruflichem Druck oder emotionalen Krisen oder von klinischen Ursachen wie beispielsweise Nebenhöhlenentzündungen herrühren. Dahinterstehende psychologische Probleme könnten durch eine Traumalinie bestätigt werden, die entweder die Lebenslinie, die Schicksalslinie oder die Kopflinie schneidet. Wenn das Problem körperlicher Natur ist, könnte eine Insel auf einer der Hauptlinien Hinweise auf die Ursache geben.

Herzprobleme
Kalte blaue Hände oder eine bläuliche Tönung um das Nagelbett herum sind Hinweise auf Kreislauf-, Herz- oder Lungenprobleme. Eine leuchtend rote Färbung der Nägel kann ein leicht erregbares Temperament bedeuten, das mit Schlaganfällen in Verbindung gebracht wird.

Wenn man etwas über Herzprobleme herausfinden will, steht die Herzlinie ganz offensichtlich im Zentrum der Analyse, auch wenn es nicht genug wissenschaftliche Belege gibt, um bestimmte Krankheiten zu bestätigen. Dennoch wird davon ausgegangen, daß ein Bruch in der Linie, eine tiefe rote Zahnung oder ein Stern Zeichen einer Empfänglichkeit für Herzkrankheiten und Herzanfälle sein können (Abbildungen Seite 157 a, b und c). Es wurde auch

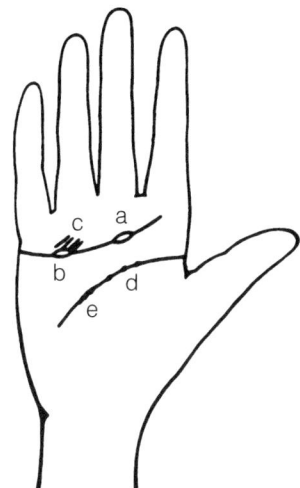

Zeichen des Gesundheitszustandes

vermutet, daß kleine Nadelstiche rund um eine Insel auf dieser Linie für die Möglichkeit einer Angina pectoris stehen (Abbildung Seite 157 d).

Verdauungsstörungen
Menschen, die an Verdauungsstörungen, Magenübersäuerung, Durchfall oder irgendeinem anderen Problem des Verdauungstrakts leiden, haben unter Umständen eine Ansammlung dünner und manchmal verdrehter Linien, die zwischen der Lebens- und der Herzlinie schräg nach oben verlaufen und um die Gesundheitslinie gebündelt sind (Abbildung Seite 157 e). Die Gesundheitslinie (vgl. Seite 125) selbst kann ebenfalls verdreht und ausgefranst sein. Eine solche Zeichnung rät dazu, die Ernährung umzustellen.

Schlechte Ernährung kann auch durch konkave oder ausgehöhlte Nägel bestätigt werden. Einschneidende Schnelldiäten schlagen sich oft als waagrechte Kerben in allen Nägeln nieder.

Drüsen- oder hormonelle Probleme
Es wurde eine Verbindung zwischen den Drüsen des endokrinen Systems und senkrechten Linien beobachtet, die in die Fingerspitzen eingegraben sind. Zu diesem Thema existiert zwar noch ein erheblicher Forschungsbedarf, man geht aber von folgendem aus: Störungen der Hirnanhangs-, der Zirbel-, der Thymus- und der Schilddrüse stehen jeweils (in gleicher Reihenfolge) mit dem Zeige-, dem Mittel-, dem Ring- und dem kleinen Finger in Verbindung.

Senkrechte Linien auf der Spitze des kleinen Fingers wurden mit Sicherheit bei Menschen beobachtet, die entweder an einer Unterfunktion der Schilddrüse leiden, oder bei denen Schilddrüsenstörungen wenigstens in der Familiengeschichte vorhanden sind. Es verdichtet sich der Verdacht, daß solche Linien auf der Spitze des Ringfingers neben ihrer Verbindung zur Thymusdrüse auch auf Störungen des Blutdrucks hinweisen. Ob sich daraus ein Einfluß der Thymusdrüse auf die Regulierung des Blutkreislaufs ableiten läßt, ist eine offene Frage.

Es gibt nur wenige Beweise für eine enge Verbindung zwischen den beiden anderen Drüsen und dem Zeige- bzw. dem Mittelfinger. Folgende Beobachtung wurde jedoch gemacht: Wenn die Hormone eines Menschen unberechenbar reagieren (was zum Beispiel während der Menopause geschehen kann), bekommen alle Fingerspitzen senkrechte Linien. Das gibt zu der Vermutung Anlaß, daß der allgemeine Gesundheitszustand oder die Körperchemie dieser Person aus dem Gleichgewicht geraten ist.

Mineralmangel
Ungleichgewichte im Mineralhaushalt zeigen sich an den Nägeln entweder in Form weißer Flecken (die auf einen Kalzium- und/oder Zinkmangel hinweisen können) oder daran, daß die Nägel brüchig sind, sich leicht spalten, verfärben oder verformen.

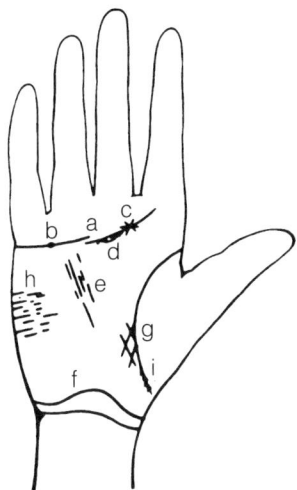

Zeichen für Gesundheitsprobleme

Eine Herzlinie mit großen Inseln oder eine stark gekettete Kopflinie weisen ebenfalls auf Unausgewogenheiten im Bereich der Vitamine bzw. Minerale hin. In solchen Fällen sollte die Ernährung einer eingehenden Untersuchung unterzogen werden. Auf Eisenmangel zurückzuführende Blutarmut läßt sich sofort identifizieren, wenn die Handfläche angespannt wird. Die Linien wirken weiß oder ausgewaschen, statt eine gesunde rosige oder beige Farbe aufzuweisen (je nach der Hautfarbe). In Frauenhänden verlieren die Linien nach der Menstruation manchmal zeitweilig ihre Farbe, wenn der Blutverlust und folglich auch der Verlust an Eisen stark war. Der Verzehr von grünem Blattgemüse oder die Einnahme eines entsprechenden Stärkungsmittels wird die Lage bald wieder normalisieren.

Atemstörungen
Die Neigung zu Atmungsproblemen, wie Bronchitis, Lungenentzündung, ja sogar zu schweren Erkältungen und tief-

sitzendem Husten, wird von Inseln im oberen Bereich der Lebenslinie repräsentiert, speziell wenn sie als Kinderkrankheiten auftreten. Inseln auf der Gesundheitslinie wären eine zusätzliche Bestätigung dieser Tendenz.

Kleine oder sogar ganz fehlende Monde oder Nägel, die sich nach unten zu den Fingerspitzen hin krümmen, sind ebenfalls Zeichen einer möglichen Lungenschwäche und einer schlechten Versorgung mit Sauerstoff. Der deutlich gekrümmte Nagel ist ein besonderes Merkmal, das man manchmal an den Händen starker Raucher sieht.

Probleme des Fortpflanzungssystems
Probleme der männlichen und weiblichen Fortpflanzungsorgane spiegeln sich an zwei Stellen im unteren Bereich der Handfläche wider. Erstens weist die oberste Raszette eine deutlich sichtbare Ausbeulung zum Handteller hin auf (siehe Abbildung Seite 157 f). Das bedeutet ausnahmslos eine innere Schwäche des Fortpflanzungssystems.

Das zweite Zeichen einer Tendenz zu Komplikationen auf diesem Gebiet ist eine dreieckige oder rautenförmige Linienkonstellation, die ungefähr auf einem Drittel des Weges zwischen Handgelenk und Fingeransatz an der Außenseite der Lebenslinie liegt (siehe Abbildung Seite 157 g). In der Hand eines Mannes kann sie eine Warnung vor Problemen im uro-genitalen Bereich sein. Sie wurde aber auch schon bei Männern mit einer Veranlagung zu Leistenbruch festgestellt. In der Hand einer Frau kann sie gynäkologische Probleme widerspiegeln, die von Unregelmäßigkeiten im Monatszyklus bis hin zu der Notwendigkeit einer operativen Entfernung der Gebärmutter reichen.

Wenn man dieses Merkmal entdeckt, kann man vorbeugende Maßnahmen ergreifen. Auch könnten regelmäßige medizinische Überprüfungen jede Unregelmäßigkeit früh genug erfassen, damit das Problem behandelt werden kann, bevor es ernst wird.

Rheumatische Beschwerden
Fortgeschrittene Stadien von Rheumatismus und Arthritis sind an der Entzündung und Verkrümmung der Gelenke und der Knöchel zu erkennen. Hinweise auf die Ansammlung von Harnsäure, die mit bestimmten Gicht- oder Rheumazuständen zu tun haben soll, kann man an der Handkante in Form kleiner Haarlinien entdecken. Sie verlaufen schräg über den Mars- und den Mondberg (siehe Abbildung Seite 157 h). Eine genaue Prüfung dieser Linien enthüllt, daß sie von einem Zerfall der Hautleisten herrühren. Die Stärke dieser »Verschleierung«, wie das auch genannt wird, verrät den Grad der Säure im System. Menschen, die solche Verschleierungen aufweisen, sollten ihre Ernährungsweise überprüfen und stark säurehaltige Speisen meiden.

Senilität und die Probleme des Alters
Der letzte Abschnitt der Lebenslinie beschäftigt sich mit dem Ruhestandsalter des Menschen. Störungen und Beeinträchtigungen der Linie an dieser Stelle spiegeln entweder körperliche oder psychologische Aspekte dieses Lebensabschnitts wider. Feine Linien, die von hier aus nach unten verlaufen, bedeuten allgemeine Kraftlosigkeit, einen Mangel an Robustheit und ein Versickern der Energie (siehe Abbildung Seite 157 i).

Probleme wie Schwäche oder Nachlassen des Gedächtnisses lassen sich auf der Kopflinie entdecken. Jede Insel, die sich auf dem letzten Abschnitt der Linie findet, ist ein Zeichen geistiger Schwäche und Vergeßlichkeit. Ein ausfransendes, brüchiges oder dünner werdendes Ende weist häufig auf drohende Senilität hin. Das Vorhandensein solcher Indikatoren macht es ratsam, Projekte zu beginnen oder an Behandlungen beziehungsweise Übungen teilzunehmen, die helfen, den Geist zu stärken und auf diese Weise geistigen Schwächungen vorzubeugen.

Streß

Zeichen von Streß und Anspannung schlagen sich in vielfacher Weise in den Händen nieder. Es gibt aber zwei leicht zu identifizierende Anzeichen: waagrechte Linien auf den Fingerspitzen und eine Handfläche, die von einem Spinnennetz von Linien überzogen ist.

Kleine horizontale Linien auf den Fingerspitzen sind die ersten Indikatoren für Streß. Der Schlüsselbereich des Problems läßt sich daran ablesen, daß auf bestimmten Fingern die Konzentration der Linien dichter ist.

- *Am Zeigefinger*: Die Probleme betreffen das Ich des Menschen und seine Stellung in der Welt. Möglicherweise geht der Druck vom Arbeitsplatz oder vom Beruf aus.
- *Am Mittelfinger*: Die Probleme konzentrieren sich auf das Heim und das Sicherheitsgefühl des Menschen. An dieser Stelle können sich Belastungen widerspiegeln, bei denen es um Besitzfragen geht.
- *Am Ringfinger*: Hier schlagen sich Unglück, Unzufriedenheit und Enttäuschung im persönlichen Bereich nieder. Linien quer über diese Fingerspitze bedeuten häufig Beziehungsprobleme.
- *Am kleinen Finger*: Hier zeigen sich Probleme bezüglich des Ausdrucks der eigenen Person, zuweilen zusammen mit Problemen im Bereich der sexuellen Beziehungen und Kontakte.
- *Am Daumen*: Ein Bündel von Querlinien an dieser Stelle läßt darauf schließen, daß allgemeine Probleme einen widrigen Effekt auf das Nervenkostüm der Person ausüben.

Der Wurzel von Streß und Anspannung auf die Spur zu kommen, ist einfach, solange die Zeichnungen nur auf einer Fingerspitze auftreten. Da unsere Probleme in alle

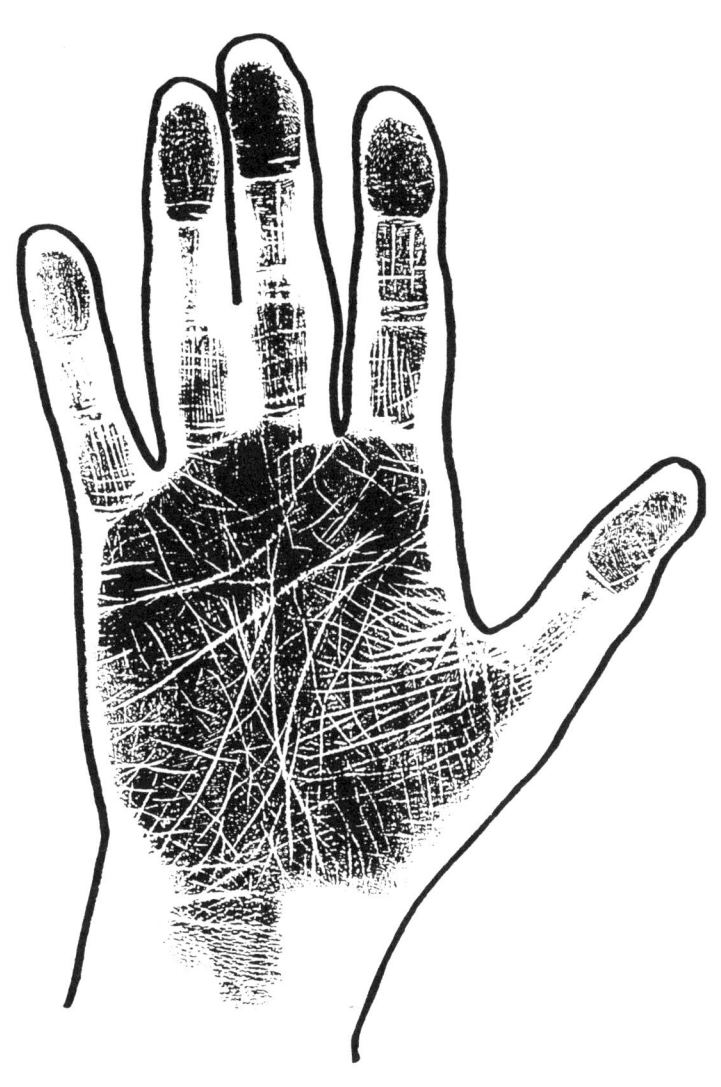

Die »volle« Hand (Abdruck 13)

Bereiche unseres Lebens ausstrahlen, ist der häufigere Fall allerdings, daß mehrere, wenn nicht sogar alle Finger bis zu einem gewissen Grad betroffen sind. In diesem Fall liegt der Schlüssel bei dem Finger, der die größte Anzahl an Linien aufzuweisen hat.

Manchmal sind die anderen Fingerspitzen in einer Art Wechselwirkung beteiligt. Beipielsweise könnte man durch Linien auf dem Mittel- und auf dem Ringfinger darauf schließen, daß Glück und häusliches Leben (also das Gefühl für Sicherheit) durch Probleme in den Bereichen Familie, Ehe oder Geld auf schwankenden Boden geraten sind. Hat man die Gegenstände der Sorge einmal auf diese Weise identifiziert, sollte eine Analyse der restlichen Hand weitere Hinweise geben und das Problem bestätigen.

Ein weiterer Indikator zeigt uns auf einen Blick, ob ein Mensch von Natur aus dazu neigt, sich Sorgen zu machen, und deshalb für Streß und Anspannung anfällig ist. Das ist an einer Handfläche erkennbar, die buchstäblich von Linien bedeckt ist und aussieht, als habe eine Spinne ihr Netz darüber gelegt. Handflächen dieser Art sind unter der Bezeichnung »volle« Hand bekannt (siehe Abdruck 13).

Den Gegensatz zu einer »vollen« Hand bildet die sogenannte »leere« Hand. Ein Vergleich der beiden zeigt, wie treffend die Bezeichnungen sind: Erstere ist über und über mit Linien vollgepackt, während die zweite nur die drei oder vier wichtigsten Linien enthält.

Je mehr Linien in einer Hand, desto sensibler ist dieser Mensch. Deshalb sind Individuen mit vollen Händen eher angespannt und neigen stärker zu nervöser Sorge. Im Gegensatz dazu sind Menschen mit leeren Händen selten krank. Es ist, als ob sie gar nicht wüßten, daß sie überhaupt ein Nervenkostüm besitzen! Wahrscheinlich schütteln solche Leute die Alltagssorgen ab, die sich bei Menschen mit volleren Händen in Streßsituationen aufstauen und dann eine potentielle Gefahr für die Gesundheit werden können.

Wohlstand

Überall auf der Hand sind Zeichen zu sehen, die in unterschiedlicher Weise Licht auf die Finanzen werfen: Erbschaften, Hinterlassenschaften, glückliche Gewinne oder einfach Geld, das durch die eigenen Leistungen eines Menschen zusammengekommen ist.

Ein geknackter Jackpot oder ein Hauptgewinn im Toto sind seltene Ereignisse. Dennoch läßt sich ihr Eintreten an einer Linie ablesen, die vom Venusberg aus nach oben hin zum Ringfinger verläuft und in einem Stern endet (Abbildung Seite 164 a). Finanzielle Unterstützung durch die Familie zeigt sich in einer vom Venusberg kommenden Linie oder in einer anderen, die sich von der Lebenslinie abspaltet und ihren Weg hinauf zum Mittelfinger nimmt (Abbildung Seite 164 b). Manche gehen davon aus, daß sich Erbschaften in Form gekrümmter Linien zeigen, die von der Handkante aus im Schwung zum Apolloberg unter dem Ringfinger verlaufen (Abbildung Seite 164 c).

Ein Bündel von drei Linien über der Herzlinie zeigt traditionellerweise, daß der Besitzer Glück im Umgang mit Geld hat. Das bedeutet nicht automatisch, daß Menschen mit diesem Merkmal Millionäre werden, heißt aber, daß immer, wenn sie in finanziellen Nöten sind, in letzter Minute Geld aufzutauchen scheint. Ob sie geborene Glückspilze oder geschickte Finanzjongleure sind, ist nicht auszumachen. Die Botschaft an sie lautet aber sicher, daß sie sich in punkto Geld keine übertriebenen Sorgen machen müssen. Wenn sie es brauchen, wird immer etwas davon auftauchen.

Zweige, die von der Kopflinie kommend zum kleinen Finger aufsteigen, lassen oft auf intellektuelle oder berufliche Erfolge wie zum Beispiel Beförderungen schließen, die häufig von Gehaltserhöhungen begleitet werden. Für Selbständige könnte dieses Merkmal Expansion bedeuten, erfolgreiche Geschäftsabschlüsse oder ertragreiche Käufe und Verkäufe. Inseln auf diesen Zweigen oder häufiger auf der Schicksalslinie weisen auf finanzielle Probleme und Einschränkungen hin (Abbildung unten d). Eine Insel auf der Schicksalslinie warnt insbesondere vor Zeiten, in denen der Gürtel enger geschnallt werden muß. Sollte die Insel im vorhinein erkannt worden sein, ist der Mensch gut beraten, seine Notgroschen und seine Versicherungen sorgfältig zu prüfen, um eventuelle zukünftige Probleme abzuwenden.

Die Tradition erweist einen Ringfinger, der länger ist als der Mittelfinger, als Zeichen des Spielers. Ob dieser Mensch erfolgreich ist oder nicht, läßt sich an den anderen Finanzindikatoren der Hand ablesen.

Ein Stern auf dem Merkurberg verspricht geschäftlichen und folglich auch finanziellen Erfolg (Abbildung unten e). Ein Stern auf dem Apolloberg ist ein Vorzeichen von öffentlichem Ruhm und Anerkennung, die immer von finan-

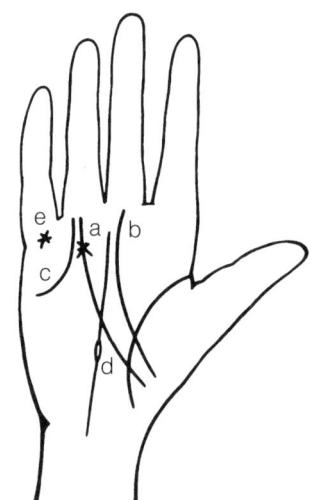

Zeichen des Wohlstandes

ziellen Gewinnen und Belohnungen begleitet werden. Ein Stern auf dem Jupiterberg unter dem Zeigefinger jedoch ist das deutlichste Zeichen eines erfolgreichen und finanziell potenten Lebens.

Glück

Die Sonnen- oder Apollolinie ist vielleicht das beste Zeichen eines Sinnes für das Glück. Diese Linie liegt senkrecht in der Hand und steigt hinauf zum Ringfinger. Sie wird zwar im allgemeinen als ein Erfolgszeichen gewertet, ist aber in Wirklichkeit ein Zeichen für Befriedigung und Erfüllung.

Ist zum Beispiel Mutterschaft die Ursache dieses Gefühls von Erfüllung und Erfolg, dann würde die Linie sich im gleichen Moment auf der Hand entwickeln, in dem sich dieses Gefühl verwirklicht. In einer anderen Hand könnte sie als Zeichen inneren Friedens nach einer langen Zeit emotioneller Probleme zu lesen sein. Es ist aber auch möglich, daß die Sonnenlinie öffentliche Anerkennung widerspiegelt. Je nach der Person ermöglicht die Linie unterschiedliche Deutungen. Allgemein gesprochen wirft sie ein Licht auf Fortschritte und ein wachsendes Gefühl des Wohlbefindens im Leben dieses Menschen.

Die Sonnenlinie kann irgendwo in der Hand beginnen, sie muß ihren Weg jedoch bis hin zum (oder zumindest in Richtung auf den) Apolloberg nehmen. Mit einer langen kraftvolle Linie, die weit unten, nahe am Handgelenk ihren Anfang nimmt, wird der Mensch wahrscheinlich schon in einem sehr zarten Alter erfolgreich und vermutlich auch glücklich sein. Diese Konstellation ist zwar sehr selten, es gibt sie jedoch in den Händen von Menschen, die man »Kinderstars« nennen könnte. Sie verrät die strahlende und charismatische Persönlichkeit und Veranlagung, die solche Menschen schon in jungen Jahren in den Mittelpunkt bringt.

Eine Linie, die am Mondberg beginnt und zum Apolloberg aufsteigt, zeigt öffentliche Gunst und Anerkennung. Ein Schauspieler, ein populärer Politiker und jeder, der im Blickpunkt des Publikums steht, könnte so ein Merkmal besitzen (Abbildung Seite 167 a). Wenn die Linie weiter oben beginnt (über der Herzlinie), läßt das darauf schließen, daß das Gefühl wahren Glücks und echter Erfüllung sich erst später im Leben einstellt, häufig im Ruhestand. Sie ist aber ein hervorragendes Vorzeichen für ein Alter, das von Wärme, Liebe und Verständnis erfüllt ist.

Mehrere parallele Sonnenlinien können für einen Menschen stehen, der viele unterschiedliche Interessen hat und sie alle außerordentlich genießt. Man könnte sagen, daß solche Leute niemals auf einem bestimmten Gebiet erfolgreich werden, weil sie ihre Aufmerksamkeit aufsplittern, statt sie auf ein großes Ziel zu bündeln. Wenn sie jedoch auf diesem Weg Zufriedenheit und Erfüllung finden, dann ist das sicher für sie das Richtige.

Je stärker die Linie ausfällt, desto besser bringt sie Erfolg und Glück zum Ausdruck. Eine durchbrochene oder fragmentierte Linie bedeutet, daß diese Gefühle eher vereinzelt auftreten. Die herkömmliche Handdeutung behauptet, eine Insel auf der Sonnenlinie sei das Zeichen für einen Skandal. Das kann in manchen Fällen sogar zutreffen (Abbildung Seite 167 b). Ein schlechter Ruf oder eine üble Presse zu diesem Zeitpunkt könnte sich beispielsweise so in der Hand niederschlagen.

Im allgemeinen bedeutet eine solche Konstellation jedoch eine Zeit der Frustration und Enttäuschung, in der Pläne scheitern und der Ehrgeiz gebremst wird. Die Struktur der Linie nach diesem Ereignis sagt uns, auf welche Weise der Mensch die darin verborgenen Schwierigkeiten meistert. Wird die Linie wieder stärker, dann werden Ruf

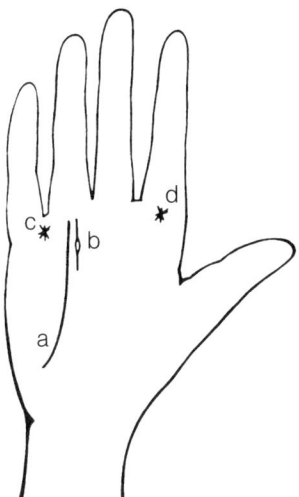

Zeichen des Glücks

und innere Ruhe wiederhergestellt. Sollte die Linie aber abbrechen und sich verlieren, so würde das bedeuten, daß die Probleme nicht behoben werden und der Mensch mit dem Gefühl zurückbleibt, daß sein Ruf bleibenden Schaden erlitten hat.

Der Vergleich der Linie mit anderen Zeichen in der Hand bestätigt die Ursachen ihrer Entwicklung und die Ereignisse, die sich auf ihr widerspiegeln. Wenn die Linie beispielsweise zu dem Zeitpunkt stärker wird, an dem eine große Insel auf der Kopflinie aufhört, kann man davon ausgehen, daß dieser Mensch eine Zeit der Sorge und Unentschlossenheit hinter sich gebracht und zu Richtung und Zufriedenheit gefunden hat.

Sollte die Linie gleichzeitig mit einer Ehe, einem Ortswechsel oder einer Geburt in der Familie stärker werden, dann wären es diese Ereignisse, die sich auf der Linie als zufriedenstellend für ihren Besitzer niederschlagen. Wenn gleichzeitig ein neuer Abschnitt der Schicksalslinie oder ein von der Kopflinie aufsteigender Zweig zu sehen ist, dann bestätigt das Wachstum der Sonnenlinie, daß die Veränderungen in der Karriere des Menschen positiver Natur sind.

In gleicher Weise lassen sich auch widrige Ereignisse von der Linie ablesen. Wenn beispielsweise eine Insel auf der Sonnenlinie liegt, die mit einer abgebrochenen Einflußlinie zeitlich zusammenfällt, verrät uns das eine problematische Beziehung als Ursache für das Unglück des Menschen. Zeigen sich gleichzeitig ein Bruch in der Sonnenlinie und eine Insel auf der Lebenslinie, so könnte eine Krankheit die individuelle Zufriedenheit beeinträchtigen.

Es ist deshalb wichtig, den Ursprungspunkt der Linie zu prüfen sowie ihren Aufbau und ihre Struktur, und diese Information mit den anderen sichtbaren Anzeichen zu verknüpfen. Auf diese Weise ist es möglich, ein klares Bild vom Fortschreiten des individuellen Erfolgs und Glücks im Leben zu zeichnen.

Ein letztes wichtiges Merkmal für Glück und Erfolg ist ein Stern, der von einem Bündel sich an einer bestimmten Stelle kreuzender kleiner Linien gebildet wird. Diese Konstellation kann auf einer Hauptlinie oder unabhängig auf einem Berg auftreten. An zwei Stellen der Hand ist das Vorhandensein eines Sterns in diesem Zusammenhang besonders bedeutsam.

Die erste Stelle ist der Apolloberg unter dem Ringfinger (Abbildung Seite 167 c). Ein Stern an diesem Punkt weist auf die Art von Erfolgen hin, die einen Menschen in den Blickpunkt der Öffentlichkeit führen. In der Regel verspricht er Anerkennung für zurückliegende Unternehmungen und gelegentlich sogar Berühmtheit. Der zweite Ort ist der Jupiterberg unter dem Zeigefinger (Abbildung Seite 167 d). Ein Stern hier befindet sich an der besten aller möglichen Stellen, denn er wirft sein Licht auf ein starkes Potential, mit dem die betreffende Person in jedem Bereich des Lebens erfolgreich sein kann, den sie sich wählen mag.

Beruf und Karriere

Immer mehr Menschen beginnen den Wert des Handlesens zu schätzen, wenn es um Ratschläge zu Karriere und beruflicher Tätigkeit geht. Eine gute Analyse kann dazu beitragen:

- Jugendliche in die richtige Richtung zu lenken,
- verborgene Talente aufzuspüren,
- Spätentwickler zu ermutigen,
- die Entscheidung für eine bestimmte Karriere zu erleichtern,
- wertvolle Rätschläge zu beruflichen Problemen zu geben,
- vorab über bevorstehende Probleme oder Chancen zu informieren,
- Persönlichkeitskonflikte zwischen Arbeitskollegen zu bereinigen,
- Fallgruben und Chancen erkennbar zu machen, die sich im Beruf auftun.

Darüber hinaus kann eine Analyse die gesamte berufliche Laufbahn eines Menschen mit Rat und Führung begleiten. Wichtige Entscheidungen in bezug auf einen Wechsel der Arbeitsstelle oder des Berufes, berufliche Krisen, Machtkämpfe, Probleme mit Kollegen oder Vorgesetzten, die Frage des Ruhestands und viele, viele andere Themen des individuellen Berufslebens können auf diese Weise klargestellt werden. Die Prüfung der Zukunftstrends in den Händen kann auch Vorwarnungen über die Möglichkeit solcher Ereignisse geben.

Wenn es darum geht, den passenden Typ Arbeit für einen Menschen zu ermitteln, seine beruflichen Aussichten zu analysieren, seine verborgenen Talente zu enthüllen und Informationen über seinen generellen Fortschritt im Arbeitsleben zu bekommen, arbeitet man sich am besten in folgenden vier Stufen vor.

Stufe 1: Die Handform

Jede der grundlegenden Handformen ist aufgrund des Charakters und der Persönlichkeit, die sie repräsentiert, für bestimmte Berufe besser geeignet als für andere. Bei der Anwendung der fundamentalen Prinzipien darf jedoch nicht vergessen werden, daß sich nicht alle Hände genau einem der vier Typen zuordnen lassen. Manche haben die Kennzeichen unterschiedlicher Typen. Das bedeutet, der Besitzer einer solchen Mischhand könnte für ein breiteres Spektrum von Arbeiten geeignet sein, als auf den ersten Blick zu erkennen ist. Außerdem verändert jeder der vier Schritte das Gesamtbild, so daß das vollständige Muster des Arbeitslebens erst auftaucht, wenn alle Einzelinformationen gesammelt und zusammengefügt worden sind. (Zu den Handformen siehe Seite 21–42.)

Erdhände
Menschen mit Erdhänden sind vielleicht die härtesten Arbeiter. Sie sind praktisch und nüchtern, und sie ackern gern auf Routinepfaden. Alles, was sie an die frische Luft bringt, wird dem ganztägigen Eingepferchtsein in ein stickiges Büro vorgezogen. Aufgrund ihrer erdbezogenen Natur geben solche Menschen äußerst zufriedene Bauern oder Gärtner ab, die jede Möglichkeit genießen, den Boden zu bearbeiten. Ihnen verschaffen alle Tätigkeiten tiefe Befriedigung, bei denen sie mit den Händen arbeiten können.

Auf einer anderen Ebene könnte der logische Pragmatismus, den manche von ihnen an den Tag legen, den Erdhänden einen guten Weg in Bankwesen und Buchhaltung bahnen. Für andere, die mehr für Disziplin, Gesetz und Ordnung übrig haben, wären alle Berufe passend, die mit Polizei oder Armee in Verbindung stehen. Da solche Menschen gern systematisch arbeiten, können sie mit allen Routine- und stereotypen Arbeiten fertig werden, wie der Tätigkeit an Fließbändern und Produktionsstraßen.

Lufthände
Menschen mit Lufthänden sind gern schöpferisch und brauchen viel Abwechslung. Sie sind intellektuell lebhafte Typen, und Herausforderungen aller Art reizen sie. Am besten sind sie, wenn sie mit anderen Menschen in einer offenen beweglichen Atmosphäre zusammenarbeiten, in der der freie Austausch von Neuigkeiten und Ansichten eine große Rolle spielt. Sie lernen extrem schnell und geben gute Geschäftsleute ab, da sie eine Hand fürs Organisieren haben und rasche instinktive Urteile und Entscheidungen fällen können. Genauso wohl fühlen sie sich in der Welt von Finanzen, Verwaltung und Geschäft. Wegen ihrer Leidenschaft für Kommunikation ist alles, was mit Informationstechnologie, schriftstellerischer Tätigkeit, der Reisebranche oder der Computertechnik zu tun hat, grundsätzlich für sie geeignet. Sie sind gute Redner und hervorragende Linguisten.

Wenn sie ihre Beweglichkeit, Kreativität und Leidenschaft für neue Ideen mit ihrem Bedürfnis nach Arbeit in einer angeregten Atmosphäre verbinden können, sind Menschen mit Lufthänden wie geschaffen für die Massenmedien. Viele von ihnen zieht es zum Journalismus, ins Verlagswesen und zu Beschäftigungen in Film, Radio und Fernsehen.

Feuerhände
Menschen mit Feuerhänden sind körperlich und geistig aktiv und scheinen immer über eine Menge aufgestauter Energie zu verfügen. Sie halten sich gern beschäftigt und neigen dazu, sich voller Begeisterung in jedes Projekt zu werfen, das im Augenblick ihre Phantasie beflügelt. Als von Geburt an extravertierte Typen ziehen sie grundsätzlich die Aufmerksamkeit der Menge auf sich und sind am glücklichsten, wenn sie im Rampenlicht stehen. Deswegen finden viele ihren Weg in die Unterhaltungsbranche. Je theatralischer und glanzvoller ihre Beschäftigung ist, desto besser gefällt sie ihnen. Es fällt ihnen leicht, Dinge in die Hand zu nehmen. Deshalb geben sie hervorragende Manager und Organisatoren ab. Ihre Fähigkeit, Verantwortung zu übernehmen und Entscheidungen aus dem Augenblick heraus zu treffen, sowie ihre Geschicklichkeit im Umgang mit Menschen und streßgeladenen Situationen macht sie zu natürlichen Führungspersönlichkeiten auf allen Gebieten ihrer Wahl. Als Politiker, Dozenten, Kleriker oder Offiziere enthüllen sie ihre Gabe, andere zu inspirieren und anzustacheln. Tatsächlich scheinen solche Leute, egal wo sie sind, die Truppe mit ihrer ansteckenden Vitalität in Schwung zu bringen. In ihrer begeisternden Kreativität sind sie gute Designer, Maler und Bildhauer. Mit ihrem unerschrockenen Mut genießen sie Forschungsreisen, Pionierarbeit und das Dabeisein an vorderster Front. Und ihr Bedürfnis, anderen zu helfen, bringt viele von ihnen in die Beratungsarbeit oder die verschiedenen Pflegeberufe.

Wasserhände
Die lange schlanke Wasserhand gehört den Menschen, die, wenn es um die Dinge dieser Welt geht, zu unvorhersehbarem, unpraktischem Verhalten neigen. Sie sind Träumer mit einer großen Liebe zu Schönheit und Ästhetik. Die Wasserhand wirft ihr Licht auf das Spirituelle, sie gehört

den Dichtern und Künstlern dieser Welt. Sollten sie nicht selbst künstlerisch tätig sein, dann sind sie mit Sicherheit große Kunstliebhaber. Auch Romanautoren, die im Reich von Fiktion und Phantasie leben, haben überwiegend solche Hände. Die Welt der Literatur wäre ohne sie verloren. Dank ihrer Wahrnehmungsfähigkeiten geben sie auch hervorragende Psychoanalytiker ab. Gleichzeitig macht ihre Sensibilität in bezug auf die menschliche Natur sehr gute Schauspieler und Musiker aus ihnen, während ihr Sinn für Kultur und Verfeinerung sie zur Kosmetikbranche oder in die Industriebereiche führt, die mit gutem Aussehen zu tun haben.

Stufe 2: Die Kopflinie

Die Kopflinie ist der Indikator für die intellektuellen Fähigkeiten. Deshalb verrät sie uns nicht nur, *wie* Menschen denken, sondern auch an *was*. In der Karriereberatung enthüllt schon ein Blick auf diese Linie den allgemeinen Bereich, der zu diesem Menschen paßt, und ob er mehr Neigungen für den geisteswissenschaftlichen oder für den naturwissenschaftlichen Bereich aufweist.

Je gerader die Linie, desto praktischer, nüchterner und logischer die Geisteshaltung. Diese Sorte Verstand richtet sich auf die mehr rationalen, materialistischen und konkreten Dinge. Alles, was mit Geschäft, Naturwissenschaft, Kommerz oder Technik zu tun hat, paßt zu den Besitzern einer solchen Linie. Am meisten interessieren sie harte Tatsachen; alles Abgehobene schreckt sie ab. Man könnte deshalb sagen, daß Menschen mit geraden Kopflinien tendenziell konvergente Denker sind.

Je kürzer und höher angesetzt die Linie ist, desto mehr konzentriert sich der Verstand auf weltliche und materialistische Dinge. Die Interessen und Gespräche ihrer Besitzer drehen sich in der Regel um materielle Besitztümer und Sicherheit: Autos, Geld, Besitz, Ferien – alles, was einen faßbaren Wert besitzt und als *wirklich* gilt, im Gegensatz zu abstrakten Konzepten.

Die kurvige Linie steht für den künstlerischen, schöpferischen und phantasievollen Verstand. Menschen diesen Schlages zieht es eher zu den Geisteswissenschaften, der Musik, der Literatur, den Sprachen und allgemein der Kommunikation. Von ihrer geistigen Veranlagung her sind sie viel offener und divergenter in ihrem Denken als Leute mit geraden Linien. Je weiter die Kurve nach unten reicht, desto überbordender wird die Phantasie. Die Besitzer von Kopflinien, die bis hinunter auf den Mondberg reichen, sollten für ihre reichen künstlerischen Gaben ein Ventil in der Welt der Kunst, des Designs oder der Schriftstellerei finden. Ohne einen solchen Brennpunkt kann eine derartig starke Vorstellungskraft allzu leicht in Melancholie umschlagen oder sich zu Anfällen von Verstimmtheit und Depression auswachsen.

Eine teils gerade und teils kurvige Linie verbindet die pragmatische mit der schöpferischen Denkweise (Abbildung Seite 175 a). Menschen mit einer solchen Linie finden sich in Beschäftigungen, die zu beiden Typen passen. Anfangs kann es ihnen unter Umständen extrem schwer fallen, sich für einen Weg zu entscheiden, und manchmal geraten sie mitten in ihrer Karriere in eine Krise und unternehmen eine totale Kursänderung. Der Trick besteht darin, einen glücklichen Kompromiß zu finden: eine Beschäftigung oder eine Arbeitsrichtung, die Strukturiertheit und Kreativität verbindet und das Zusammenspiel von praktischem Denken und Phantasie erlaubt.

Eine »Gabel des Autors«, also eine Linie, die sich unter dem Ringfinger gabelt, läßt auf erhöhte schöpferische Kräfte schließen. Jeder Mensch mit einer solchen Zeichnung würde gut daran tun, eine Laufbahn im künstleri-

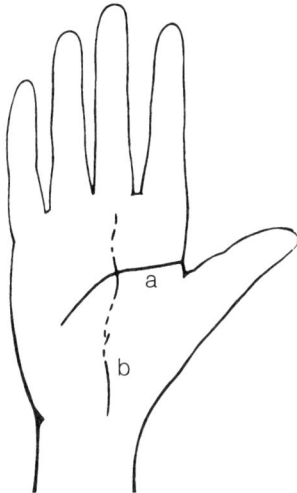

Der Verlauf der Karriere auf Kopf- und Schicksalslinie

schen Bereich, in den Medien oder in der Welt der Literatur und des Verlagswesens ins Auge zu fassen.

Menschen mit einer Vier-Finger-Furche eignen sich am besten für Tätigkeiten, bei denen sie ihre Aufmerksamkeit bündeln oder mit tiefer Konzentration arbeiten müssen. Sportler und Sportlerinnen beispielsweise, die für ihren Erfolg Entschlossenheit brauchen, profitieren enorm von den Qualitäten, die diese Line repräsentiert. Als Alternative wäre auch alles angemessen, was gründliche Untersuchungstätigkeiten erfordert.

Was die Länge angeht, so wird im allgemeinen von folgendem ausgegangen: Je kürzer die Linie ausfällt, desto materialistischer ist die Einstellung, je länger die Linie, desto größer der Freiraum für intellektuelles Denken. Obwohl diese Theorie nicht in allen Fällen zutrifft, kann sie doch als gute Faustregel gelten. Genauso wie die Länge muß aber auch die Qualität der Linie in die Erwägungen einbezogen werden. Brüche, Inseln, Ketten oder Ausfransungen schwächen samt und sonders das intellektuelle Potential. Solche negativen Zeichen verraten Sorgen und Probleme, die zu Konzentrationsmangel und Entscheidungsschwäche führen. Eine klare Linie ohne Unterbrechungen hingegen steht für klares Denken und eine lebhafte kraftvolle Geisteshaltung.

Stufe 3: Die Schicksalslinie

Während Handform und Kopflinie Hinweise auf die Tätigkeit geben, die zu einer bestimmten Person paßt, sind auf der Schicksalslinie die tatsächlichen Ereignisse eingezeichnet, die sich im Verlauf der Karriere einstellen können. Durch Messungen auf der Schicksalslinie ist es möglich, den wahrscheinlichen Zeitpunkt des Eintritts dieser Ereignisse präzise zu bestimmen.

Eine Unterbrechung an irgendeinem Punkt der Linie bedeutet eine Veränderung in der Karriere. Endet die Linie, und ein neuer Abschnitt überlappt sich mit dem alten, dann geht der Wandel auf eigene Aktivitäten zurück. Wenn eine kleine Abweichung im Verlauf der Linie sichtbar ist, oder wenn der Abstand zwischen den beiden überlappenden Enden sehr klein ist, handelt es sich wahrscheinlich um eine Veränderung von geringer Tragweite. Vielleicht geht es nur um eine Verlagerung der Gewichte, wie eine Beförderung oder eine Versetzung innerhalb der gleichen Firma. Je weiter der Abstand zwischen den beiden überlappenden Enden jedoch ist, desto größer ist die Veränderung. Das könnte das Aufnehmen einer neuen Beschäftigung bedeuten, unter Umständen verbunden mit einem Umzug in einen anderen Landesteil.

Wenn die Linie aprupt aufhört und erst weiter oben neu beginnt, läßt sich daraus ablesen, daß die Veränderungen in der Tätigkeit nicht der Kontrolle des Individuums unterliegen, sondern von außen vorgegeben werden. Häufig ist es ein Signal für Arbeitslosigkeit. Das schon im voraus zu wissen, ist von offensichtlichem Wert, da man Notfallpläne ausarbeiten und in die Tat umsetzen kann. Der Neubeginn der Linie zeigt, wann das normale Arbeitsleben wieder aufgenommen wird.

Ein gewellter, bruchstückhafter oder sehr schwacher Abschnitt der Linie kann auf eine Zeit der Schwankungen hinweisen, in der die Person mal Arbeit hat und mal nicht oder einen Job nach dem anderen ausprobiert (Abbildung Seite 175 b). Wenn sich die Linie festigt und verstärkt, kann man sagen, daß der Mensch nicht nur im Beruf, sondern auch im Leben allgemein zu Richtung und Ziel gefunden hat.

Alle kleinen Querlinien, die die Line schneiden, bedeuten Störungen oder Widerstände. Sie könnten sich zeigen, wenn betriebliche Auseinandersetzungen, Probleme mit Mitarbeitern, Persönlichkeitskonflikte oder Zwistigkeiten mit Kollegen bzw. Vorgesetzten auftreten. Inseln auf der Linie bedeuten ohne Ausnahme finanzielle Schwierigkeiten.

Eine Analyse der Linie nach dem Zeichen für ein bestimmtes Ereignis verrät uns dessen Folgen. Wenn zum Beispiel die Linie nach einer Unterbrechung sichtbar kräftiger wird, zeigt das, daß der Wandel positiver Natur war. Ist die Linie jedoch geschwächt, gekettet oder fragmentiert, ist daraus zu ersehen, daß die Veränderungen dem Menschen zusätzliche Komplikationen und Probleme gebracht haben.

Stufe 4: Besondere Zeichen

Individuelle Zeichen mit spezieller Bedeutung für berufliche Fragen finden sich überall in der Hand. Eines dieser Merkmale zu besitzen, bedeutet nicht automatisch, daß ein

Mensch für eine bestimmte Tätigkeit prädestiniert ist. Es bedeutet allerdings, daß er über natürliche Talente und Gaben verfügt, die ihn für einen bestimmten Karrieretyp besonders geeignet machen.

Die heilende Hand
Ein Zeichen, das häufig in den Händen von Angehörigen der Pflegeberufe oder von Medizinern zu finden ist, sind die Samariterlinien (Abbildung Seite 179 a). Sie bestehen aus mehreren kleinen Diagonalen, die meistens von einer Querlinie geschnitten werden. Zu finden sind sie zwischen der Herzlinie und dem Häutchen zwischen Ring- und kleinem Finger.

Die Samariterlinien sind ein besonderes Merkmal, das eine natürliche Heilungsgabe anzeigt. Ob diese Gabe innerhalb der Schulmedizin oder in den an sie angrenzenden Bereichen, ob in einer klinischen oder in einer Beratungssituation eingesetzt wird, macht keinen Unterschied. Wann immer sie sich zeigt, weist sie auf eine freundliche, liebevolle und therapeutische Natur hin, einen Menschen, der ein guter Zuhörer ist und Schmerzen lindern kann.

Der Bauer oder Gärtner
Die Erdhand wird am häufigsten mit Bauern und Gärtnern in Verbindung gebracht. Ein langes Basisglied am Mittelfinger ist oft ein gutes Zeichen für einen leidenschaftlichen Gärtner und für Menschen, die das Glück haben, mit einem grünen Daumen geboren worden zu sein (Abbildung Seite 179 b). Wenn dieses Merkmal an einer Wasserhand auftaucht, ist es das Merkmal des Landschaftsgärtners.

Ein besonders seltenes Merkmal ist eine Hautschleife quer über dem Mondberg, die von der Handkante her in die Handfläche hineinverläuft (Abbildung rechts c). Sie be-

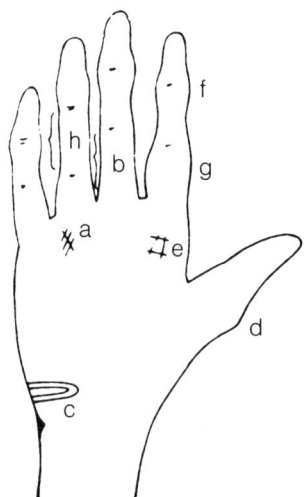

Besondere Karrierezeichen

deutet ein besonderes Empfinden und Verständnis für Pflanzen- und Tierwelt. Diejenigen, die dieses Zeichen ihr eigen nennen, verfügen über eine angeborene enge Beziehung zur Natur.

Der Handwerker
Menschen, die mit ihren Händen arbeiten, können jede der grundlegenden Handformen aufweisen. Sie haben aber alle ein Merkmal gemeinsam: das hervorstehende ekkige Basisgelenk des Daumens, das als »Gelenk der geschickten Hand« bekannt ist (Abbildung oben d). Die Besitzer von sehr langen Fingern sind außerdem besonders methodisch und genau im Detail und schätzen es deshalb auch nicht, bei ihrer Arbeit gehetzt zu werden. Ihre Kollegen mit den kürzeren Fingern dagegen eignen sich neue Fertigkeiten auf den ersten Blick an und arbeiten schnell. Ihre Art, mit Arbeit umzugehen, ist offener und inspirierter.

Lehrer und akademische Berufe
Gute Lehrer und Dozenten werden vielleicht das Rechteck des Lehrers in ihrer Hand entdecken. Das ist eine kleine, schachtelähnliche Zeichnung auf dem Berg unterhalb des Zeigefingers (Abbildung Seite 179 e). Sie verrät immer ein natürliches Talent für die Vermittlung von Wissen an andere Menschen.

Lange Endglieder verweisen auf einen intellektuellen Umgangsstil mit dem Leben. Ist das Englied des Mittelfingers besonders lang, dann berichtet es uns von einer Liebe zur Forschung. Ein merklich verjüngtes Basisglied an diesem Finger verrät uns den ewigen Studenten, einen Menschen, der große Freude daran hat, ständig neue Dinge zu lernen. Eine Hand, an der zusätzlich alle Fingergelenke deutlich hervortreten (was nicht durch Krankheit oder Unfall hervorgerufen ist), wird Philosophenhand genannt. An einer solchen Hand erkennt man einen Denker (Abbildung Seite 179 f).

Die Sportlerhand
Aktive Sportler haben ohne Ausnahme starke, muskulös wirkende Hände. Der Sitz der Energie oder das Kraftwerk liegt im unteren Bereich der Hand. Sind also Venus- und Mondberg gut entwickelt, dann verfügt diese Person über große Vitalität und Körperkraft, die Zeichen des aktiven Sportlers. Sportlerinnen müssen keine so deutlich hervortretende Muskelbasis in ihren Handflächen aufweisen. Sie könnten eher drahtige Hände besitzen, in denen Leistungsfähigkeit und Robustheit sichtbar werden.

Die schöpferische Hand
Ein auf den ersten Blick erkennbares Merkmal dieser Hand ist die bogenförmige Handkante. Auch eine kurvenförmige Kopflinie verrät einen phantasievollen, offenen

und divergenten Geist. Kurze Finger an einer schöpferischen Hand enthüllen uns ein instinktives und inspiriertes Gespür. Bei langen Fingern hingegen sind Geduld und Aufmerksamkeit für das Detail die treibenden Kräfte. Das Gelenk der geschickten Hand wird sich bei all denen finden, die gern mit ihren Händen arbeiten.

Die Hand des Soldaten
Erd- und Feuerhände sind die angemessendsten Handformen für Angehörige der Streitkräfte. Beide verfügen über die grundsätzliche Härte, die in diesem Feld erforderlich ist. Als charakteristisches Kennzeichen sollte der untere Marsberg groß oder gut entwickelt sein, denn das ist das Signal für Mut und eine gewisse aggressive Stärke. Anführer dieser Art können auch über besonders lange Zeigefinger verfügen, was allerdings für sich allein betrachtet ein Zeichen des Tyrannen oder Diktators sein kann. Es ist behauptet worden, daß sowohl bei Napoleon als auch bei Hitler der Zeigefinger den Mittelfinger an Länge übertraf.

Die Hand des Büroarbeiters
Büros werden im zunehmenden Maß mechanisiert und mit Computern und High-Tech ausgestattet. Deshalb fühlt sich die Lufthand in dieser Umgebung recht wohl. Kommunikation ist die erste Leidenschaft von Menschen dieses Handtyps. Sich mit den neuesten technischen Spielereien herumzuschlagen, die zweite.

Sowohl gerade als auch kurvenförmige Kopflinien passen in das Büroleben, vorausgesetzt, die Art der Arbeit entspricht ihnen. Die erste Form pflegt einen praktischen und logischen Arbeitsstil, die zweite bringt schöpferische Gaben und ein Gespür im Umgang mit der Öffentlichkeit ins Spiel.

Die Hand des Gastwirts
Die Hände von Köchen und Personen aus der Lebensmittelbranche weisen als typisches Kennzeichen volle, gut entwickelte Basisglieder an allen Fingern auf, besonders aber am Zeigefinger (Abbildung Seite 179 g). Ist dieses Glied etwas länger und – obwohl voll – auch kräftig, läßt das auf einen Feinschmecker schließen. Die Betreiber von Restaurants weisen dieses Merkmal oft auffällig deutlich in ihren Händen auf. Gute Haushalter und Personen mit einem Talent für Haus- und Landwirtschaft sind durch lange Mittelglieder an allen Fingern gekennzeichnet (Abbildung Seite 179 h). Das ist auch das klassische Zeichen für Tüchtigkeit.

Umgang mit dem Unvorhergesehenen

Ohne Zweifel ist einer der größten Vorteile des Handlesens, daß es Einblicke in mögliche zukünftige Ereignisse verschafft. Es muß zwar betont werden, daß solche Anzeichen keinen Absolutheitsanspruch haben, es ist aber dennoch nützlich, vor dem wahrscheinlichen Eintreten bestimmter Geschehnisse gewarnt zu sein. Mit diesem Wissen ausgerüstet, können wir Notfallpläne machen, uns vorbereiten und widrige Ereignisse möglicherweise sogar abwehren oder gar nicht erst Wirklichkeit werden lassen. Weiterhin schlägt auf der Habenseite zu Buche, daß diese Art voraussagender Information uns auch helfen kann, unsere Entscheidungen für die Zukunft zu fördern und zu bestärken.

Moderne Handanalytiker haben sich bemüht, mit dem weitverbreiteten Irrtum aufzuräumen, daß die Linien in unseren Händen sich niemals wandeln und daß wir folglich die Zeichen unserer Geburt niemals loswerden. Linien *können* sich verändern, und sie *tun* es auch – aus allen möglichen Gründen: aufgrund unserer Entscheidungen, aufgrund der Veränderungen in unserer Lebensweise, aufgrund neuer Einflüsse, die auf uns einwirken, oder aufgrund unseres Gesundheitszustands.

Hätten wir keine Einflußmöglichkeiten und keine Kontrolle über unser Leben, dann wären wir sicherlich Marionetten in den Händen der Götter. Das ist nicht der Fall: Wir haben einen freien Willen, und wir können wählen. Wir haben die Macht, den Verlauf unseres Lebens zu kontrollieren und zu steuern. Wir haben vielleicht keine *absolute* Kontrolle, aber wir können auf unser Schicksal bedeutenden Einfluß nehmen. Die Analyse unserer Hände stellt das Wissen bereit, das wir brauchen, um die bestmöglichen Entscheidungen für unsere Zukunft zu treffen.

Es ist eine Sache, einzusehen, daß unsere eigene Vergangenheit, Gegenwart und Zukunft sich in unseren Händen widerspiegelt. Zu akzeptieren, daß äußere Einflüsse oder Ereignisse, die anderen zustoßen und sich auf *unser* Leben auswirken, ebenfalls in unseren Händen eingezeichnet sind, ist jedoch etwas ganz anderes! Wir können uns unter Umständen vorstellen, daß unsere Hände wie photographische Platten sind, die unsere eigenen Ideen, Taten und Entschlüsse aufzeichnen, und daß wir eine gewisse (bewußte oder unbewußte) Wahrnehmung der Folgen dieser Taten auf unser eigenes zukünftiges Leben haben.

Um wieviel schwieriger ist es jedoch, zu erklären und zu akzeptieren, daß plötzliche, unerwartete Ereignisse, die außerhalb unserer Einflußsphäre stattfinden, ebenfalls ihren Niederschlag in unseren Händen finden. Wie ist es beispielsweise möglich, daß eine Frau in ihrer Hand ein Zeichen entwickelt, das ihr verrät, daß sie in drei Jahren aus heiterem Himmel entlassen werden wird? Wie kann ein Mann eine Traumalinie besitzen, die den plötzlichen Tod seiner Frau vorhersagt? Wie kann ein erfolgreicher Geschäftsmann das Zeichen seines zehn Jahre später eintretenden eigenen Bankrotts mit sich herumtragen?

Vielleicht ist eine Möglichkeit, dieses Phänomen zu erklären, das Jungsche Konzept des kollektiven Unbewußten: die Vorstellung, daß wir alle auf irgendeine Weise durch die Erfahrungen unserer Vorfahren geistig miteinander in Verbindung stehen. Vielleicht könnte auch die Idee des Zeitgeistes eine Erklärung abgeben: daß wir alle die vorherrschenden Trends, Gedanken und Gefühle unserer Zeit aufzunehmen in der Lage sind.

Es besteht kein Zweifel daran, *daß* sich solche Phänomene in der Hand zeigen. Indem wir unsere Zeichen laufend beobachten, können wir uns vorbereiten, so daß das

Unvorhergesehene nicht länger wie eine unbekannte Bedrohung wahrgenommen wird. Stattdessen verwandelt es sich in eine Warnung, die als Herausforderung behandelt und mit der entsprechend umgegangen werden kann.

Emotionale Belastungen

Achten Sie auf folgende Zeichen und bestimmen Sie sie zeitlich:

- Traumalinien, die vom Mars- oder Venusberg herkommen und die Lebenslinie sowie möglicherweise auch die Schicksals-, die Kopf- und die Herzlinie schneiden.
- Inseln – auf der Lebenslinie (für mögliche Gesundheitsschäden); auf der Kopflinie (für Ängste und Sorgen); auf der Schicksalslinie (für finanzielle Probleme).
- Sterne – auf der Lebenslinie (Unfälle, plötzliche Verletzungen und überraschende Krankheitsanfälle); auf der Kopflinie (Schock oder Kopfverletzung); auf der Schicksalslinie (Überraschung oder Schock).
- Eine extrem lange »Hochzeitslinie«, die über Merkur- und Apolloberg verläuft und dann nach unten abbiegt, um die Herzlinie zu durchschneiden. Sie ist ein Zeichen für einen schmerzlichen Verlust (vgl. Seite 146).
- Waagrechte Kerben auf den Fingerspitzen.

Aufbrüche, Reisen, Umzüge oder Veränderungen des Lebensstils

Achten Sie auf folgende Zeichen und bestimmen Sie sie zeitlich:

- Zweige, die von der Lebenslinie abgehen und in die Mitte der Handfläche oder weiter zum Mondberg laufen.

- Eine scheinbar kurze Lebenslinie, die in Wirklichkeit ein kurzer Abschnitt ist, der über eine Haarlinie mit einem längeren Abschnitt weiter im Inneren der Handfläche verbunden ist.
- Brüche oder überlappende Abschnitte auf der Schicksalslinie.
- Zweige, die aus der Lebenslinie entspringen und geradewegs zum Saturnberg verlaufen.

Einflüsse, Beziehungen und Ehe

Achten Sie auf folgende Zeichen und bestimmen Sie sie zeitlich:

- Linien, die vom Mondberg aufsteigen und zur Schicksalslinie hin verlaufen. Die Linien, die die Schicksalslinie entweder nicht treffen oder schneiden, bedeuten zerbrochene Beziehungen. Die Zweige, die mit der Schicksalslinie verschmelzen, stehen für eine Ehe.
- Linien, die parallel zur Schicksalslinie verlaufen.
- Zweige, die aus dem Bereich innerhalb der Lebenslinie kommen und dann parallel zu ihr verlaufen.
- Ein Schwesterlinie oder Parallele zur Lebenslinie.

Enttäuschungen, Hindernisse oder Widerstand

Achten Sie auf folgende Zeichen und bestimmen Sie sie zeitlich:

- Querlinien, die die Schicksalslinie schneiden (beruflich); die die Kopflinie schneiden (persönlich oder psychisch); die die Lebenslinie vom Familienring her kommend schneiden (familiäre oder elterliche Einflüsse).

Errungenschaften und Erfolge

Achten Sie auf folgende Zeichen und bestimmen Sie sie zeitlich:

- Zweige, die von der Kopflinie nach oben steigen.
- Zweige, die von der Schicksalslinie nach oben steigen.
- Zweige, die von der Lebenslinie nach oben steigen.
- Die Entwicklung der Sonnen- oder Apollolinie.
- Sterne auf Jupiter-, Apollo- oder Merkurberg.

Veränderungen in Arbeit und Karriere

Achten Sie auf folgende Zeichen und bestimmen Sie sie zeitlich:

- Brüche in der Schicksalslinie – ein klarer Bruch (Entlassung); ein überlappender Bruch (ein Wechsel durch eigene Entscheidung); ein weiter Abstand zwischen den beiden Überlappungen (der Wechsel in eine neue Laufbahn); zahlreiche Brüche (Schwankungen, viele wechselnde Beschäftigungen).
- Ein Knick in der Schicksalslinie (Beförderung, Versetzung etc.).

Gesundheit

Achten Sie auf folgende Zeichen und bestimmen Sie sie zeitlich:

- Alle Veränderungen in der Struktur der Linien, zum Beispiel Kettungen, Inseln, Ausfransungen, plötzliche Brüche.

- Die Entwicklung vieler feiner Nebenlinien, die die Handflächen bedecken.
- Die Entwicklung senkrechter oder waagrechter Kerben auf den Fingerspitzen.
- Alle ungewöhnliche Farbveränderungen, wie starke Rot-Gelb- oder Blaufärbung von Haut und/oder Nägeln.
- Deutliches Schwächerwerden der Hauptlinien.
- Sterne auf irgendeiner Hauptlinie *mit Ausnahme der Apollolinie*.
- Verformung oder Mißbildung der Nägel.
- Tiefe (mitunter rote) Zahnungen in der Lebens-, Kopf- oder Herzlinie, die nicht durch eine Verletzung verursacht worden sind.

Persönliche Erfüllung

Achten Sie auf folgende Zeichen und bestimmen Sie sie zeitlich:

- Die Entwicklung einer Sonnen- oder Apollolinie.
- Eine Apollolinie, die in einem Dreizack endet.
- Ein Stern auf der Apollolinie.
- Sterne auf dem Jupiter-, dem Apollo- oder dem Merkurberg.
- Von einer der Hauptlinien aufsteigende Zweige.

Gute Gelegenheiten, Geld etc.

Achten Sie auf folgende Zeichen und bestimmen Sie sie zeitlich:

- Ein Pfauenaugenmuster auf den Spitzen von Ring- oder kleinem Finger.
- Ein Stern auf der Apollolinie oder dem Apolloberg.

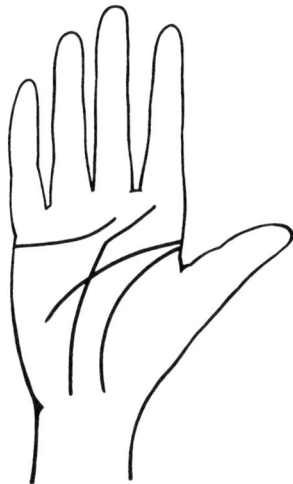

Ende der Schicksalslinie am Jupiterberg

- Ein Stern auf dem Merkurberg.
- Eine Linie, die von der Lebens- oder der Kopflinie zum Jupiterberg aufsteigt und einen Stern aufweist.
- Eine Linie aus dem Innenbereich der Lebenslinie mit einem Stern, die entweder zum Apollo- oder zum Merkurberg verläuft.
- Drei parallele Linien auf dem Apolloberg über der Herzlinie.
- Eine Schicksalslinie, die zum Jupiterberg abbiegt und dort endet (siehe Abbildung).

BEISPIELANALYSEN

Karriereoptionen

Rosie, Rechtshänderin, Alter: 14
(A.d.Ü.: Die folgenden Ausführungen beziehen sich auf das englische Schulsystem: Das GCSE = General Certificate of Secondary Education entspricht in etwa der mittleren Reife, das bzw. die A-Level entsprechen grob dem Abitur, wobei die Möglichkeit, bereits innerhalb der Schule Entscheidungen über die Fächerwahl zu treffen, größer ist als in Deutschland.)

Frage: Rosie hat das Alter erreicht, in dem sie ihre Schuloptionen wählen muß. Sie muß also entscheiden, welche Fächer sie ablegt und welche sie bis zum GCSE beibehält. Die Grundfrage ist, ob sie die naturwissenschaftlichen Fächer weiterverfolgen oder den geisteswissenschaftlichen Fächern den Vorzug geben soll. Egal, welche Entscheidung sie in dieser Phase ihres Lebens fällt, sie beeinflußt nicht nur ihr A-Level, sondern in der Folge auch den Charakter der Karriere, die sie für den Rest ihres Lebens durchlaufen wird.

Hier geht es darum, Rosies Möglichkeiten auszuleuchten und festzustellen, welche Arten von Tätigkeiten am besten zu ihrer geistigen Einstellung und ihrem Temperament passen würden. Danach ist sie in der Lage zu beschließen, welche Fächer für sie die entscheidenden sind, die sie bis zum GCSE und zum A-Level beibehalten muß.

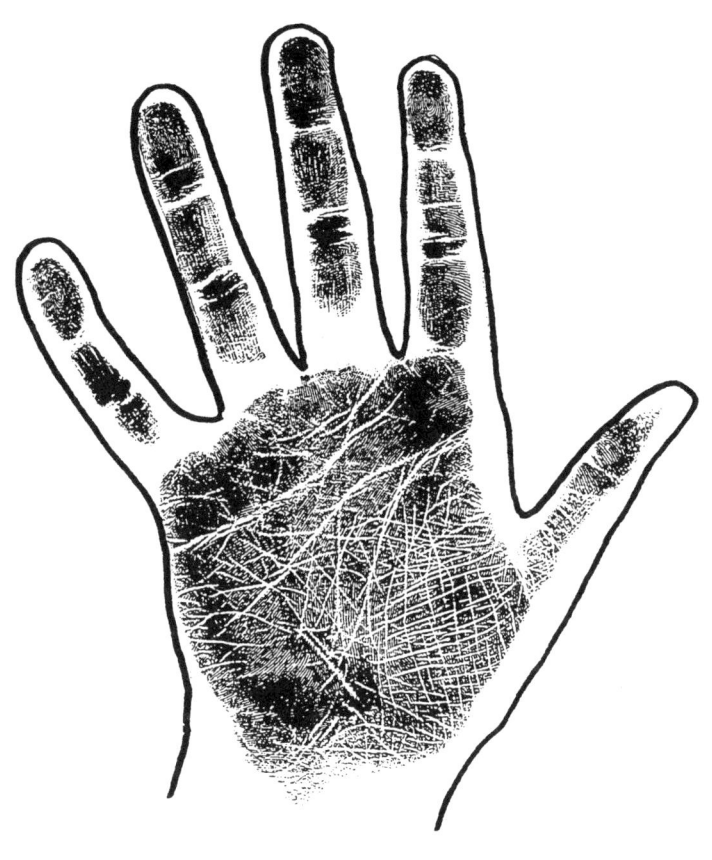

Rosie (Abdruck 14)

Vorgehensweise bei der Analyse: Für das Sammeln von Informationen bezüglich der angemessenen Tätigkeit und Laufbahn einer Person diesen Alters sind die wichtigen Aspekte die Handform, Typ und Länge der Finger und Fingerglieder, die Fingerabdrücke und die Kopflinie.

- Quadratische Handfläche und lange Finger = Lufthand = Intellekt = Kommunikation.
- Langes Mittelglied am Daumen = diskutierfreudig.
- Gut entwickelte Endglieder aller Finger = Liebe zur Forschung.
- Die Mehrheit der Fingerabdrücke weist Wirbelmuster auf = geeignet für Forschung unter Geheimhaltung, ernst, tiefschürfende Denkerin, ein weiterer Hinweis auf die Liebe zur Forschung.
- Ein zusammengesetztes Fingerabdruckmuster auf dem Daumen = (kann Verwirrung bedeuten) ist aber hervorragend geeignet, um Urteile zu fällen und das Für und Wider einer Angelegenheit abzuwägen = Justizbereich, aber eher gehobener als normaler Dienst.
- Die Kopflinie ist die längste und stärkste Linie in der Hand = große Intelligenz, der Besuch der Universität ist zu empfehlen. Es sollte über ein Studium bis zur Erlangung des Doktortitels nachgedacht werden.
- Noch einmal zur langen Kopflinie: Wie in Abdruck 14 sichtbar, beginnt die Kopflinie gerade wie mit dem Lineal gezogen bis etwa zum dreißigsten Lebensjahr. Die Untersuchte sagt, daß sie Physik liebt. Ab dem genannten Zeitpunkt biegt die Kopflinie nach unten ab, was eine Warnung darstellt, daß Rosie mit zunehmender Reife Raum für schöpferisches Denken brauchen wird. Jede mögliche Tätigkeit, die sie ausüben wird, muß also Struktur mit Kreativität verbinden. Innerhalb der Physik sollte sie deshalb vielleicht die Astronomie in Erwägung ziehen.

- Lufthand und die bogenförmige kreative Handkante = ein praktisches, intellektuelles und schöpferisches Auge = Ingenieurwesen oder Architektur (gut geformter Ringfinger).
- Lufthand = Kommunikation, technische Geräte = Computer = Informationstechnologie, Netzwerke.
- Eine teils gerade, teils gekurvte Kopflinie = »weichere« Wissenschaften = Medizin (man bedenke dabei aber die Wirbel) = eher medizinische Forschung als eine allgemeinärztliche Praxis.

Der gemeinsame Nenner: Ein Bedürfnis nach Strukturiertheit zusammen mit dem Raum für Kreativität. Sie zieht es vor, selbständig zu arbeiten. Fähigkeiten bei der Verarbeitung von Information und Daten. Hervorragende Fähigkeit zur Urteilsbildung und Problemlösung. Intellektuell und akademisch.

Mögliche Laufbahnen: Jura (eher gehobener als normaler Dienst); medizinische Forschung; Computer und Informatik; Astronomie; Ingenieurwesen; Architektur.

Beziehungen

Sally, Linkshänderin, Alter 35
Frage: Sally hatte mehrere Beziehungen von unterschiedlicher Dauer, die alle glücklich begannen, dann aber aus unterschiedlichen Gründen im Sande verlaufen sind. Da sie auf jeden Fall nicht jünger wird, fragt sie sich, ob sie jemals einen Partner finden wird, mit dem sie den Rest ihres Lebens teilen kann.

Vorgehensweise bei der Analyse: In einem solchen Fall besteht der erste Schritt darin, die emotionalen Muster der

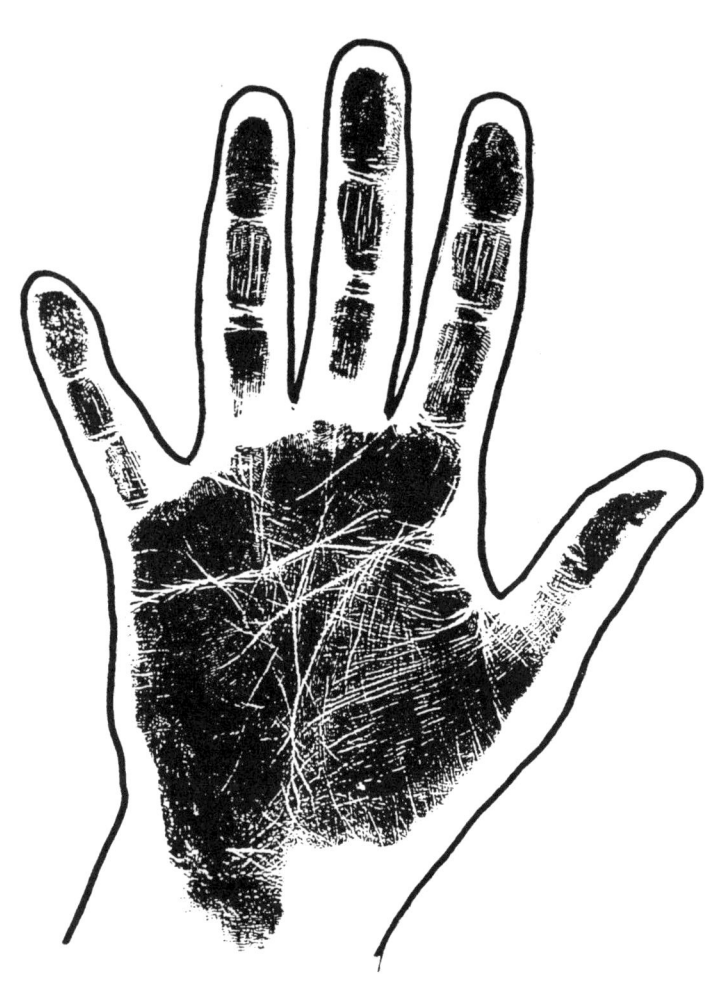

Sally (Abdruck 15)

Person herauszuarbeiten und ihre Kontakte und Beziehungen zu anderen Menschen auf der sexuellen Ebene. Im zweiten Schritt geht es darum, ihre Erwartungen zu verstehen: Welche Art von Beziehung wünscht sie sich bzw. braucht sie, was für ein Partner wäre für sie der richtige. Es ist an dieser Stelle wichtig, festzustellen, ob sie die richtigen Signale aussendet, oder ob ein Mißverhältnis besteht zwischen der Person, die sie zu sein glaubt, und dem Bild, das sie der Außenwelt präsentiert. Schließlich muß sorgfältig auf alle Beziehungs- und/oder Einflußzeichen geachtet werden sowie auf die Zeitpunkte ihres Auftretens.

- Die dominante Herzlinie ist gerade, die passive Herzlinie jedoch kurvig = Diskrepanz zwischen einer romantischen idealistischen Natur und der Präsentation eines selbstgenügsamen autonomen Persönlichkeitstyps (zum Beispiel Marilyn Monroe vs. Margaret Thatcher!)
- Unterschiedliche Herzlinien = Sally braucht einen Partner, der so stark ist wie sie, aber unter der Oberfläche sanft und romantisch.
- Ein großer Venusberg = Sally hat ein gewaltiges Bedürfnis danach, einem anderen Menschen Liebe zu geben. Das kann so weit gehen, daß sie in Beziehungsdingen ihren kritischen Blick verliert und konsequenterweise zum falschen Menschentyp hingezogen wird: jemand, der sich von ihr lieben läßt, ohne die Liebe in gleicher Weise zu erwidern.
- Venusgürtel = Sensibilität, aber auch eine negative Einstellung. Das läßt auf eine negative Erwartungshaltung schließen, wie: *Beziehungen laufen bei mir immer falsch; ich habe kein Glück; diese Beziehung wird nicht halten.* Sally muß positivere Dinge ausstrahlen. Sie muß lernen, an sich und ihre Fähigkeit zu glauben, eine starke und liebevolle Partnerschaft mit einem anderen Menschen aufbauen zu können.

- Ein Zweig zur Schicksalslinie = ein starker Hinweis auf einen potentiellen Partner. Der Zweig verbindet sich mit der Schicksalslinie kurz nach dem 35. Lebensjahr.
- Sonnen- oder Apollolinien = beginnen über der Kopflinie, was auf zunehmende Befriedigung und Erfüllung nach dem 35. Lebensjahr hindeutet.
- Ein Zweig kommt aus dem Innenbereich der Lebenslinie = das Zeichen für eine Beziehung im Alter von 36 bis 37.
- Eine Schwesterlinie zur Lebenslinie = zur gleichen Zeit entwickelt sich eine Schwesterlinie auf der Innenseite der Lebenslinie: eines der besten Zeichen für einen starken Einfluß bzw. eine starke Partnerschaft.

Ergebnis: Nach der Analyse und unter der Voraussetzung, daß Sally ihre Einstellung ändert, sprechen alle Anzeichen dafür, daß sie innerhalb der nächsten zwölf bis achtzehn Monate jemanden treffen und eine starke Partnerschaft aufbauen wird.

Ein glücklicher Lebensabend

Bernhard, Rechtshänder, Alter: 66
Frage: Nach einer langen und bemerkenswerten Laufbahn als Bauingenieur entdeckt Bernhard, daß das erste Jahr seines Ruhestands sehr leer und unbefriedigend war. Er ist entschlossen, diese Jahre nicht zu verschleudern, sondern sie so reich und lohnend wie die Jahre seiner beruflichen Tätigkeit werden zu lassen. Er will alle in ihm steckenden Gaben und Eigenschaften entdecken, die er entwickeln könnte, um aus den Jahren seines Ruhestands etwas Besonderes zu machen.

Vorgehensweise bei der Analyse: Natürliche Gaben und Talente sind in der Hand durch besondere Zeichen, durch

Hautmuster und durch ungewöhnliche Merkmale des Linienverlaufs oder eines auffälligen physischen Aufbaus repräsentiert. Im vorliegenden Fall weist Bernhard verschiedene starke Merkmale auf. Sie künden von Talenten, die er guten Mutes nutzen kann, um die Jahre seines Ruhestands zu bereichern.

- Lange Endglieder = Liebe zur Forschung. Die Nagelglieder von Apollo- und Saturnfinger sind ungewöhnlich lang – das erstere steht mit der Landschaft, das zweite mit Kunst und Gestaltung in Verbindung.
- Die Gestalt des Apollofingers = ein Auge für Linie und Farbe.
- Ein außergewöhnlich großer Mondberg = Phantasie.
- Bogenförmige Handkante = Kreativität.
- Kopflinie = mathematische Präzision, die offensichtlich mit seiner Ingenieurtätigkeit gleichzusetzen ist. Es zeigt sich aber, daß die Kopflinie jetzt eine schöpferische Gabelung bildet.
- Hauptsächlich wirbelförmige Fingerabdrücke = Einzelgänger, tiefschürfender Denker.
- Schleifenmuster im unteren Bereich des Mondbergs = eine besondere Verbindung zur Natur.
- Ein tief angesetzter Mondberg = Verbundenheit mit den Jahreszeiten; Liebe zu Mutter Natur; die Fähigkeit, Schwingungen aufzunehmen; eine sensible Ader für die Erde.

Der gemeinsame Nenner: Kunst und Design, Landschaft, Sensibilität für die Natur.

Ergebnis: Aus dieser Information ergeben sich zwei mögliche Wege, auf denen Bernhard seine Gaben zum Ausdruck bringen könnte. Der erste ist Landschaftsmalerei, der zweite Landschaftsgärtnerei.

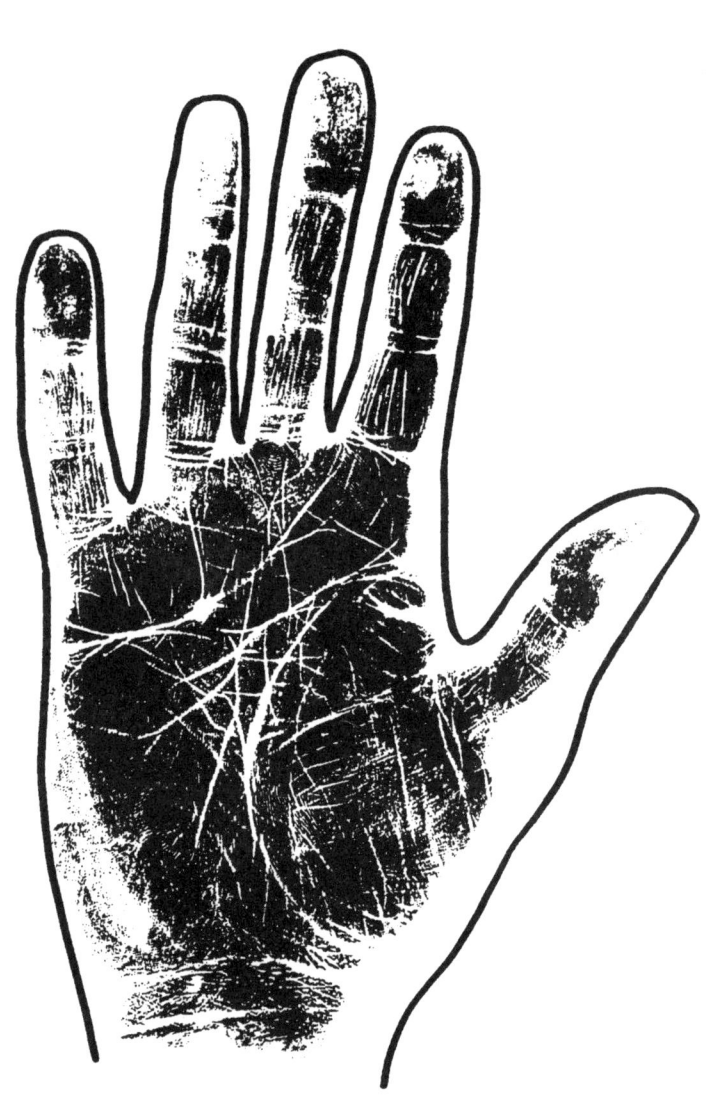

Bernhard (Abdruck 16)

Als Ergebnis dieser Analyse entwickelte sich Berhard zu einem guten Aquarellmaler, der viele genußvolle Tage mit Staffelei und Leinwand in der Landschaft verbringt und schöne Ansichten malt. Außerdem unternimmt er Forschungen zu einem Buch über die Gärten vergangener Zeitalter und plant, mit dem Entwerfen historisch gestalteter Gärten zu beginnen.

Weiterführende Literatur

Graf Dürckheim, Karlfried, Ursula von Mangoldt: *Der Mensch im Spiegel der Hand*, Barth, München, 1955

Fitzherbert, Andrew: *Handlesen als Lebenshilfe*, Hugendubel, München, 1990

Hürlimann, Gertrud I.: *Handlesen ist erlernbar. Ein methodisch aufgebautes Lehrbuch mit Einbezug astrologischer Parallelitäten*, Astroterra, 1985

Isberner-Haldane, Ernst: *Die medizinische Hand- und Nageldiagnostik. Das Standardwerk der Chirologie*, Bauer, Freiburg 1993

Mangin, Henri: *Die Hand – Ein Sinnbild des Menschen – Eine Abhandlung über Chiroskopie*, Rascher, Zürich, 1951

Mangoldt, Ursula von: *Schicksal in der Hand – Diagnosen und Prognosen*, Knaur, München, 1982

Reid, Lori: *Die weibliche Hand: Handlesekunst für die moderne Frau*, Peter Erd, München, 1988

Reid, Lori: *Das Geheimnis Ihrer Hände*, Peter Erd, München, 1990

Reid, Lori: *Die Hand – Ein Spiegel der Gesundheit: Wie man Gesundheit, Krankheit und Heilung aus den eigenen Händen ablesen kann*, Scherz, Bern-München-Wien, 1994

Liste der Abbildungen

Seite 15	Links- und Rechtshändigkeit
Seite 17	Ein klarer Abdruck (Abdruck 1)
Seite 22	Erd-, Luft-, Feuer- und Wasserhand
Seite 28	Die Berge
Seite 37	Die senkrechte Teilung der Handfläche
Seite 38	Die waagrechte Teilung der Handfläche
Seite 40	Die Handkante zeigt im oberen Teil einen Vorsprung (Abdruck 2)
Seite 41	Gekurvter Verlauf der Handkante (Abdruck 3)
Seite 44	Volle Basisglieder (Abdruck 4)
Seite 45	Tautropfen an der Fingerkuppe
Seite 46	Fingerlängen
Seite 48	Ein langer Zeigefinger (Abdruck 5)
Seite 51	Voll entwickeltes Basisglied am Ringfinger (Abdruck 6)
Seite 53	Tief angesetzter Merkurfinger (Abdruck 7)
Seite 55	Die Fingerspitzen
Seite 56	Ansatz der Finger
Seite 58	Mittel- und Ringfinger weit auseinandergehalten (Abdruck 8)
Seite 59	Mittel- und Ringfinger zusammengehalten (Abdruck 9)
Seite 63	Steife und bewegliche Daumen
Seite 65	Öffnungswinkel der Hand zwischen 45 und 90 Grad (Abdruck 10)
Seite 67	Ansätze des Daumens
Seite 69	Das mittlere Daumenglied
Seite 71	Die drei Gelenke des Daumens
Seite 72	Nagelformen
Seite 75	Fingerabdruckmuster
Seite 80	Schleifen auf der Handfläche
Seite 81	Palmare Muster auf dem Mondberg

Seite 83	Die großen Linien
Seite 84	Die typischen Zeichen auf der Handfläche
Seite 85	Eine schwache Kopflinie
Seite 86	Richtung der Kopflinie
Seite 89	Die Vier-Finger-Furche (Abdruck 11)
Seite 91	Anfänge der Kopflinie
Seite 92	Geketteter Anfang der Kopflinie (Abdruck 12)
Seite 101	Unterbrechungen der Lebenslinie
Seite 103	Zeichen auf der Lebenslinie
Seite 105	Die Herzlinie
Seite 107	Enden der Herzlinie
Seite 111	Die Schicksalslinie
Seite 111	Der Verlauf der Schicksalslinie
Seite 113	Zeichen auf der Schicksalslinie
Seite 117	Die Zeit auf der Lebenslinie
Seite 118	Die Zeit auf der Kopflinie
Seite 119	Die Zeit auf der Schicksalslinie
Seite 122	Die kleineren Linien
Seite 123	Die Sonnenlinie
Seite 132	Die Raszetten
Seite 133	Inseln, Querlinien, Rechtecke und Sterne
Seite 145	Partnerschaftslinien
Seite 150	Schleifenförmige Fingerabdrücke
Seite 155	Zeichen des Gesundheitszustandes
Seite 157	Zeichen für Gesundheitsprobleme
Seite 161	Die »volle« Hand (Abdruck 13)
Seite 164	Zeichen des Wohlstandes
Seite 167	Zeichen des Glücks
Seite 175	Der Verlauf der Karriere auf Kopf- und Schicksalslinie
Seite 179	Besondere Karrierezeichen
Seite 189	Ende der Schicksalslinie auf dem Jupiterberg
Seite 191	Rosie (Abdruck 14)
Seite 194	Sally (Abdruck 15)
Seite 198	Bernhard (Abdruck 16)